経営に携わる人のための

会社法

高岸直樹 [著]

成 文 堂

はしがき

　本書は、現在、会社経営に携わるビジネスパーソンに、また、将来、ビジネスパーソンとして社会で活躍される学生のみなさんに向けて、株式会社に関する規律を実務的な視点から理解できるように、わかりやすく執筆したものである。

　そもそも、自由な経済活動が認められているのにもかかわらず、その経済活動の主体として中心的な役割を担う「株式会社」について、会社法など多くのルールが設けられているのはなぜなのか、みなさんは一度ならず疑問を持ったことがあるだろう。

　株式会社は、少額ずつでも多数の者が出資することで多額の資本を得て、社会に貢献する事業活動を行う事業体であり、法人格、所有と経営の分離、出資者の有限責任を特色とする。

　ビジネスにはリスクを伴うが、リスクを全て回避して大きなリターンを得ることができるビジネスはないといってよい。株式会社の特色をリスクヘッジの視点から評価すると、株式会社とは、ビジネスによるリスクを、会社に出資した者、出資者から経営を委託された経営者、そして会社と取引をする者でシェアすることで、より規模の大きなビジネスをすることができ、その結果、それぞれが最大化されたリターンを得るとともに、経済を発展させる仕組みであるといえる。このため、この仕組みを有効に機能させるには、出資者、経営者、会社と取引する者の利害を調整し、有する権利と分担する責任を明確にする必要がある。そこで、会社法などにより、これらの規律を設け、実効性を確保している。

　したがって、会社法などの法規制は、ビジネスを支える重要インフラのひとつと位置付けることができるだろう。ビジネスシーンにより、ビジネスパーソンは、出資者にも、経営者にも、会社と取引する者にもなり得る。ビジネスパーソンのみなさんには、会社法などを単にルールとして知るだけでなく、法規制の趣旨を理解し、実践していただきたいと思う。

　そこで、本書では、会社法のさまざまな規律について、その背景と必要性、

内容、そして効果を理解することに重点を置いた。あわせて、資本市場での株式の流通を理解するのに必要な範囲で金融商品取引法に触れている。ESGの観点から株式会社のガバナンスの向上が求められているなか、現在、そして将来のビジネスパーソンの活躍に少しでも貢献できれば幸せである。

　本書の執筆にあたり、成文堂の阿部成一社長に格別なご配慮をいただき、また、編集者の小林等氏には常に温かい激励と多くのアドバイスをいただいた。厚く御礼を申し上げたい。

　令和3年（2021年）9月

高岸　直樹

目　次

凡　例

本文中の法令、判例については下記の略語を用いた。

1．法令名略語

会	会社法
会規	会社法施行規則
計規	会社計算規則
整備法	会社法の施行に伴う関係法律の整備等に関する法律
商	商法
民	民法
刑	刑法
金商	金融商品取引法
金商令	金融商品取引法施行令
開示府令	企業内容等の開示に関する内閣府令
監査府令	財務諸表等の監査証明に関する内閣府令
定義府令	金融商品取引法第二条に規定する定義に関する内閣府令
振替法	社債、株式等の振替に関する法律
商登	商業登記法
独禁	私的独占の禁止及び公正取引の確保に関する法律
産競	産業競争力強化法
民訴	民事訴訟法
民保	民事保全法
法法	法人税法

2．法令表記

例：（会 362④六）　→　会社法第 362 条 4 項 6 号

3．判例集略語

民集	大審院民事判例集・最高裁判所民事判例集
集民	最高裁判所裁判集民事
判時	判例時報
判タ	判例タイムズ
金判	金融・商事判例

第1章　なぜ起業者は株式会社を選ぶのか

　あなたがビジネスを始めるとする。このときに、多くの人は、会社を創ることを考える。しかし、ビジネスは個人でも始めることができる。会社でなければビジネスができない、というルールはない。実際、個人企業もあるし、ビジネスをするためのスキームはいくつか用意されている。なのに、なぜ、起業者は会社、それも株式会社を選ぶのだろうか。本章では、この点を考えてみたい。

1．ビジネスを始めるには

　ビジネスを始めるにあたり、まず、誰のために、どんな貢献をするために、どのようなビジネスを展開するのか、考えるだろう。ここから、具体的な経営計画を立て、ビジネスに必要な資源を用意するだろう。
　ここで、ビジネスに必要な資源をどのように調達するかが問題となる。モノであれ、サービスであれ、ノウハウであれ、すべての資源を既に有している起業者はどれだけいるだろうか。おそらく大半の起業者は、他人からこれらの資源を調達することになるだろう。
　この資源をどのように調達するのかが問題となる。一般的に、資源は有償であるから、調達にあたっては対価の支払いを伴うものが多い。このため、起業時に、最大の問題となるのは、資金ではないだろうか。
　最低限の資金は起業者が用意しなければならないが、必要な資金のすべてを起業者が用意できるとは限らない。もしかしたら、親族・親しい友人などから資金を拠出してもらうことができるかもしれない。金融機関から融資を受けることもできるかもしれない。我が国では、B to B の取引では後払いの慣行があるので、資金が少なくてもビジネスができるかもしれない。

しかし、いずれにせよ、ここで必要なのは、あなたの信用である。信用できない人に資金を提供したり、後払いで取引したりするなどあり得ない。では、信用される起業とは、どのようなものなのか。考えてみよう。

① 企業体

ビジネスの主体を企業体という。まずは、どのような企業体があるのか、そのメリット・デメリットを考えてみよう。

⑴ 個人企業

ビジネスは個々の人間が行うものであるから、個人として起業することができる。これを個人企業という。ビジネスでは数多くの取引が行われ、契約には権利能力・行為能力が必要であるが、各個人は自然人として権利能力を持ち、制限がない限り行為能力も認められるから、個人として契約を締結することができる。

個人として事業を行うということは、事業に関するすべての決定を自ら行い、その事業を自ら主導し、その事業によるリスクをすべて自ら引き受け、事業による利益を得ることができる。したがって、個人企業といっても、リスクを引き受けない使用人を置くことができる。事業主がリスクを負担し、この使用人に取引の権限を与えることもできる。

しかし、個人企業は、事業主が財布を握っている。つまり、「事業」と「事業主の家計」の分離ができていない。事業主が事業に使う資金をどれだけ有しているか明確ではないから、取引先は取引のリスクを判断するのが難しい。もしかしたら、事業用の資金を、事業主が使ってしまうかもしれない。

また、より多額の資金を使えば、より大きなビジネスができるが、個人の資産には限界があるから、ビジネスに使える資金にも限界が生じ、個人事業ではビジネスの成長に限界がある。

さらには、自然人には必ず終期があるから、ビジネスがそこで途切れることともなる。これも取引先からみれば、個人事業者との取引でのリスクである。

なお、個人事業は税金で不利だと言われることがあるが、それは事業から

の収益の額による。

(2)　共同企業

　では、複数の人が事業主として共同で事業をすると、この個人事業でのデメリットは解決するだろうか。複数の人が出資して、事業からのリスクを負担するので、個人事業に比べ、より大きなビジネスができ、よりビジネスの成長が期待できる。しかし、共同事業であるがゆえのデメリットもある。

[1]　パートナーシップとしての組合契約

　この共同企業に、パートナーシップである、民法で定める「組合契約」がある。民法が定める組合とは、2人以上の者（自然人でも法人でもよい）が出資して共同事業をする契約である（民667①）。

　出資して組合契約をした者を組合員という。組合員の出資により、組合財産が形成されるが、共同事業を行うための財産であるから、組合の存続中は分割することはできない（民676③）。組合の事業による利益は、組合員に帰属する。

　しかし、組合には、出資者とは別の人格が与えられていない。このため、組合自身として、不動産を所有するなど「権利」を有したり、借入をするなど「義務」を負ったりすることはできない。組合の借入金などの債務は、組合員が無限に責任を負うが、各組合員の負担の割合は、組合契約により定めることができる（民674）。取引先（債権者）は、組合財産から先に債権回収する必要はなく、組合員から債権回収することができる（民675）。

　組合の事業遂行は、組合員の多数決により決定するのが原則だが、業務を執行する業務執行者を選任し、他の組合員は委ねることができる（民670）。この業務執行者を選任したときは、正当な事由がない限り辞任・解任はできない（民672）。また、日常業務は、各組合員・各業務執行者が単独で遂行できる（民670⑤）。このため、組合員からすると、自分以外の組合員の事業遂行により、自分が無限にリスクを負うこととなってしまう。個人事業のように、自ら決めて、自ら遂行したのであれば、リスクの判断もできるし、そのリスクを負担するのも当然と思えるが、他人の事業遂行によるリスクを無限に負担するのは危険と考えるだろう。

[2] 匿名組合

　匿名組合とは、事業は営業者が行い、名前を出さない匿名組合員（自然人でも法人でもよい）がその事業に金銭その他の財産を出資し、利益分配を約束する契約である（商535）。つまり、匿名組合員は、営業者に対して、資金を拠出し、利益の分配を受ける投資家である。

　民法の組合と異なる点として、①他の匿名組合員との間には契約がない。したがって、組合財産も形成されない。また、②事業は営業者が行うので、匿名組合員は業務執行には加わらない。したがって、匿名組合員は営業者の取引先とは契約関係に立たない。このため、匿名組合員は、債権者に対して責任を負うことがない。これにより、匿名組合員が負担するリスクは、出資額を失うという限度までとなる。これを有限責任という。なお、匿名組合も、組合と同じように法人格を有さないが、営業者は法人でもよい。

　このように、匿名組合は、事業に多額の資金を要し、ノウハウも必要なため、自分では事業化できない場合に営業者に事業を委ね、出資に応じたリターンを期待し、事業からのリスクは出資額を上限とするのに適した共同企業の仕組みである。実際に、航空機・コンテナ船のリース事業などに利用されている。

[3] 会社

　会社とは、出資者が資金を拠出し、出資者とは別人格の事業体を作り、その事業体が事業を行い、出資者に利益を還元する共同企業である。

　個人企業と異なり、多くの出資者を得ることで、多額の資金を確保し、規模の大きいビジネスが可能となる。

　また、組合と異なり、会社は法人格を有するので、会社として権利を有し、義務を負うことができる。会社として、資産を持ち、契約することができるので、ビジネスでの取引の処理が簡明となる。この法人格を有するということは、出資者と会社は別人格であることを指すから、出資者が交代しても、会社は存続し、ビジネスを続けることができる。

　これまでみてきたように、共同企業には、①業務執行に出資者が参加するかどうか、②出資者の責任は無限か、出資額を限度とするか、がポイントになる。会社には種類があり、これらの点が会社の種類により異なる。

2　会社とは

このように、会社は共同企業であるが、①出資者から出資を受け、事業を行う会社を通して出資者が結ばれている団体である、②法人格を有する（会3）、③事業から得た利益を出資者に分配することができる、という特徴を有している。

①の点は、組合と異なり、会社は社団であることを意味している。組合は、組合員が相互に契約を結び構成する団体である。組合員は、他の組合員に対して権利義務を負い、組合の財産につき共有権者としての持分を有する。これに対し、社団は、出資者である社員が団体との間の社員関係により、団体を通じて、別の出資者と間接的に結合する団体である。社員の権利義務は、社団の社員という地位という団体に対する権利義務となる。つまり、組合と異なり、社員は社団の財産につき共有権者とはならず、社団の財産は団体に帰属している。

②の点は、会社自身に権利能力を与えることを意味している。しかし、自然人と異なり、法令による制限、性質による制限、目的による制限がある。法律により団体に権利能力を与えるのであるから、法令の制限に従うこととなる。自然人と異なり、生命・身体・親族等に関する権利義務の主体となることはできない。また、会社の権利能力は、定款（会社ごとに定められる基礎的な規則）に定めた目的により制限を受ける（民34）。この定款に定めた目的による制限に関して、過去には、定款に定めた目的を厳格に解釈し、目的の範囲外の行為を無効と解していた。しかし、現在では、定款に定めた目的を広く解釈し、目的としている事業の遂行のために必要な行為を行う能力を認めている（最大判昭和45・6・24民集24巻6号625頁）。

また、会社が法人格を有することにより、出資者から独立した主体となる。しかし、これを貫くと衡平な解決が得られないこともある。そこで、法人格の形骸化が認められ、または濫用される場合には、その事案限りで法人格を否認し、会社と出資者を同一視する「法人格否認の法理」が判例法上認められている（最一判昭和44・2・27民集23巻2号511頁）。例えば、中小企業の破綻時に、会社債権者が出資者の責任を追及する場合に用いられる。

③の点は、会社の営利性を意味している。ここでの営利とは、利益を追求するという意味ではなく、獲得した利益を社員である出資者に配当する、解散時に会社に残った財産は社員に分配するという意味である。①と②を満たす団体として、一般社団法人・公益社団法人があるが、これらには営利性が認められていない点で、会社とは異なる。

平成17年改正前商法は、会社について「営利を目的とした社団法人である」と定めていた。現在の会社法にはこの規定がないが、格別の規定を必要としないだけで、変更があったというものではない。

2．会社の種類

このように会社は、社団性・法人性・営利性を特徴としているが、さらに、①出資者と経営者を分けるか否か（所有と経営の一致か分離か）、②会社の債務について、出資者である社員がどこまで責任を有するのか（無限責任か有限責任か）、の2点から、異なる類型・種類が設けられている。

1　持分会社

持分会社とは、社員の地位を持分で表す会社の類型である。持分会社に分類される会社の種類がある、と理解するとよいだろう。

持分会社は、比較的、少数の出資者である社員からなり、社員自らが会社を経営する。このため、個々の社員を重視し、社員の結びつきが強い会社であり、人的会社ともいう。

出資者は会社の所有者であるから、持分会社の社員は、所有者であり、経営者である。これを所有と経営の一致という。このため、経営に関しては、前述した組合に類似している。しかし、組合と異なり、会社であるから法人格を有する。

所有と経営が一致しているため、社員全員で経営し、会社の経営から生じるリスクも社員全員で負担する。このため、会社の内部関係の規律（ルール）について、法律が介入すべき理由は少なく、原則として、社員にその設計が委ねられており、社員が会社の定款に定めることが認められる。これを「定

款自治」という。

　また、持分会社では社員の地位を持分で表すが、例えば A は 50％、B は 30％、C は 20％の持分を有するというように、持分は不均一である。しかし、社員の議決権は、原則として 1 人 1 議決権を持つ。さらに、原則として、社員全員で経営することから、社員のひとりが持分を第三者に譲渡すると、その第三者が経営に参加することとなるが、それでは会社に残る社員と経営理念や経営方針を巡り異なる意見を持つ第三者が経営に参加するかもしれず、会社に残る社員としては、このような事態は避けたい。このため、持分会社の社員が、投資した資金を会社から引き揚げたい（投下資本の回収）場合、持分会社では出資の払戻を認める（合同会社では制約がある）。このような仕組みは、これから学ぶ株式会社とは大きく異なるものである。

　持分会社という類型には、会社の債務について、社員がどこまで責任を有するのかという点から、3 種類の会社があるので、概観しておこう。

(1)　合名会社

　合名会社は、会社の債務について無限に責任を負う「無限責任社員」のみからなる持分会社である（会 576②）。

　社員が無限責任を負っているので、会社が有する財産により債務を弁済できない場合、債権者は社員に債務の弁済を求めることとなる。このため会社財産が不足しても、債権者は弁済を受けることができる。そこで、出資者の出資は、金銭や不動産などの財産に限られず、労務なども評価額により出資することが認められる。評価額を定めるのは、剰余金の配当の基準が必要なためである。また、同じ理由により、会社財産を一方的に減少する「出資の払戻」を認めている。

(2)　合資会社

　合資会社は、無限責任社員と、会社の債務について出資額を限度に責任を負う「有限責任社員」からなる持分会社である（会 576③）。

　このため、合資会社は 2 名以上の社員がいないと成立しない会社である。

　合資会社も無限責任社員がいるため、労務出資・出資の払戻も認める。

⑶　合同会社

　合同会社は、有限責任社員のみからなる持分会社である（会576④）。会社法で新設された会社の種類であり、有限責任投資組合（LLP＝Limited Liability Partnership）とは異なり、法人格を有する会社（LLC＝Limited Liability Company）である。

　社員は、出資額を限度に責任を負う。これは、社員が出資を履行することにより、社員は責任を果たしたことを意味する。したがって、会社が有する財産により債務を弁済できないときでも、出資を履行した社員には会社の債務の負担はない。

　このため、債権者からみると、自己の債権は会社の財産のみをもって弁済される、ということとなる。このため、会社債権者を保護する必要があり、会社の財産を確実に留保しなければならないという要請が働く。そこで、金銭的価値が明確とはいえない労務出資を禁止している。また、会社財産を一方的に減少させる出資の払戻については、会社債権者に異議がない場合に限られる。

⑷　旧有限会社

　平成17年商法改正以前には、有限会社法に基づく有限会社があった。有限会社は、社員の責任が有限責任である物的会社であったものの、当時の株式会社と異なり、取締役会を設置しないなど、株式会社に比べ簡易な組織が認められていた。会社法の施行により有限会社は廃止されたが、有限会社の規律を株式会社に含める形となり、取締役会を設置する会社と設置しない会社が会社法に併存することとなった。

　なお、現在は有限会社を新たに設立することは認められないが、平成18年4月30日までに設立された有限会社は、会社法上の株式会社に統合されたうえで、有限会社の名称を維持し、整備法に従い有限会社の規律をほぼ維持することができる（特例有限会社という）。

②　株式会社

　株式会社とは、出資者である社員の地位を株式で表す会社の類型であり、

会社の種類のひとつでもある。株式会社では、社員を株主という。

　株式会社は、少額ずつでも多くの出資者が出資をすることで、多額の資本を得て、ビジネスを行う仕組みである。このため、出資者の個性は問わず、出資者の交替もいとわない。このように資本を重視することから、物的会社ともいう。

　多くの株主がいるため、株主自らが経営するのではなく、株主が選んだ経営者が、会社の経営を担う。したがって、会社の所有者である株主と、会社の経営者が分離されている。これを所有と経営の分離という。

　出資者が自ら経営するのであれば、事業遂行によるリスクを判断し自ら負担できる範囲で経営することができるが、所有と経営の分離を前提とすると、事業遂行によるリスクを出資者がコントロールすることは難しい。このため、株式会社では、出資者である株主の責任は、出資額（株式の引受価額）を上限とする有限責任でなければならない。このことは、会社の財産により債務を弁済できない場合にも、株主は追加で出資する義務を負担しないことを意味する。したがって、会社が弁済できないことによる損失は、取引先である債権者の負担となる。これらから、株主・経営者・会社債権者の権利を調整し、適切に保護する必要があるため、会社法は株式会社の規律を詳細に定めている。

　株式会社では株主の地位を株式で表す。個々の株式は、同じ種類である限り、同一である（株式の均一性）。株主は複数の株式を保有することができ、保有する株式の数だけ、株主の地位を保有する。株主の議決権も、原則として1株式につき1議決権を与える（資本多数決）。

　株主有限責任のもとでは、債権者に弁済するための責任財産は会社の財産に限られるから、会社の財産を一方的に減少させる資本の払い戻しは、債権者を害するおそれがある。このため、株主が、投資した資金を会社から引き揚げたい場合でも、原則として、資本の払い戻しを認めない。しかし、株主の投下資本回収の道を保証する必要もあるため、株主に所有する株式の譲渡を認めている。

3. 株式会社を選択するメリット

　起業する多くの人が企業体として株式会社を選択している。しかし、多くのケースでは、起業時には出資者が自分1人であることも少なくない。では、なぜ、株式会社を選択するのだろうか。

　この理由はさまざまであるが、一言でまとめるならば、会社の成長に対応できる企業体は株式会社しかない、という点である。会社が成長するということは、必要な資本が増加することを意味し、これには、新たな出資者の獲得が必要である。そうすると、①多数の出資者を前提とすると、法律関係の簡便な処理のためには法人格が認められる必要があり、②多数の出資者を迎えたうえで、プロフェッショナルが経営者として会社を率いるためには、所有と経営の分離が認められなければならず、③議決権も、1人1議決権ではなく、株式の所有に応じた1株式1議決権でなければならない。④そして、出資者には、リスクを明確にする有限責任が認められ、また、投下資本の回収の道も確保されなければならない。

　さらに、取引先としても、最適な取引相手は株式会社である、という点がある。株主が有限責任であり、会社債権者が損失を被る可能性があるのではないか、と思うかもしれない。しかし、社員が無限責任社員であっても、その社員に弁済能力があるとは限らない。弁済能力の有無を調査しようとしても、情報不足であったり、調査に時間や費用がかかったりするであろう。これに対し、株式会社は、「所有と経営の分離」「有限責任」という点から、会社法で株式会社の規律が明確に定められている。経営者の責任範囲も明確であり、会社債権者への情報開示も定められている。取引先は、迅速に取引のリスクを判断できるようになっている。

　これらから、起業者が株式会社を選択することが多いのである。

　なお、近時、会社法で設けられた合同会社を選択する起業者も見受けられるようになってきた。合同会社の設立には、株式会社の設立よりも手続が容易で、費用も少ないという点がメリットである。会社の成長に対応するため、合同会社から株式会社への組織変更の道も用意されている（会743、746、747）。

第2章　会社を作るには

さあ、株式会社を作ろう。

我が国の会社法は、会社法に定められたルールに従って手続きをすれば、会社の設立を認める準則主義を採用している。

しかし、そもそも、なぜ民間で、ビジネスをするために出資を受けた株式会社を設立するのに、国家による法律上の規制が必要なのだろうか。そして、その設立のルールの内容はどのようなものだろうか。さらに、準則主義というのであれば、会社法に定める設立のルールを守っていない場合には、その設立の効果は認められないのだろうか。

本章では、株式会社の設立について、みることにしよう。

1．会社を作るとは

第1章でみたように、会社は、営利を目的とした社団法人である。つまり、会社を作るということは、営利を目的とした社団を設け、法人格を取得することである。この過程を、会社の設立手続という。ここでは、この設立手続がなぜ必要かをみる。

1　立法主義

そもそも会社を作るのに法律上の規制が必要だろうか。例えば、友人たちと一緒に食事や旅行のためのサークルを作るのに、法律上の規制はない。ビジネスのための企業体であっても、組合契約をするのに手続の規制は設けられていない。では、なぜ、会社の設立には、国家として法律を設け、規制しているのだろうか。

実は、会社も、古くは自由に設立できた。これを自由設立主義という。だ

が、自由な設立を認めることで、投資家から資金を詐取するのに会社設立が用いられるなど、弊害が生じた。このため、会社設立には、国家の特別な許可が必要とする特許主義、官吏が会社の設立を認める認可主義を経て、会社の設立を認めるルールを公開し、そのルールに従って設立された会社は、設立を認めるとする、準則主義となった。

　我が国の会社法も、会社の設立について、準則主義を採用している。会社法に定められている設立手続に従えば、法務局での設立登記を完了することで、会社の設立が認められる。

　なお、会社の事業の内容によっては、その事業を規制する法律（業法）の制約を受けることがある。

② 株式会社の設立を規律する理由

　株式会社の設立手続は厳格である。この理由について考えてみよう。

　第1章でみたように、株式会社は営利を目的とした社団法人である。法律により社団に法人格を与える以上、法人格を認めるための規律は必要である。この点は、設立登記の手続が用意されている。

　しかし、持分会社に比べ、株式会社の設立手続が厳格な理由としては、第1章でみた株式会社の特徴である、①所有と経営の分離、②株主の有限責任、と考えるべきであろう。会社設立の場面では、①については、会社の設立を主導する者・最初の経営者と、資本を提供する出資者の不一致による、出資者保護の必要性があげられる。また、②については、出資者からの拠出が不足し、会社の資本が欠けることにより、会社債権者を害することが考えられるため、債権者保護を図る必要性があげられる。

2．発起人とはなにか

　株式会社を設立するとき、誰かが会社を作ろうと考え、設立手続を進めることとなる。ここでは、この設立手続を進める者についてみる。

1　発起人

　発起人とは、株式会社の設立を企画し、会社の定款に署名（電子署名を含む）または記名押印した者である。定款については後述する。株式会社の設立のために奔走した者であっても、定款に署名等しない者は、会社法上では発起人とはいわない。ただ、この場合には、疑似発起人としての責任は負う（会103④）。

　発起人は、株式会社の設立に際し、1株以上の株式を引き受けなければならない（会25②）。つまり、発起人は必ず株式会社の出資者となる。

2　発起人組合

　発起人は、自然人に限らず、法人でもよい。過去には、発起人は発起設立で7名以上必要であったが、現行法は1名でもよい。

　発起人が複数の場合、発起人の間に「発起人組合」が存在すると解している。つまり、発起人たちは、会社の設立を目的とした組合契約を締結し、設立手続を進めると考える。

3　発起人の権限

　設立手続が完了するまでは会社は法人格を有しないから、設立手続の間に、会社の設立のために発起人が取得した権利や負担した義務は、形式的には発起人に帰属する。しかし、これらの権利・義務は、会社が設立されると、会社に帰属することとなる。

　このように設立手続中に形式的に発起人に帰属した法律関係が、会社の設立により、会社に帰属する理由として、権利能力なき社団としての「設立中の会社」という概念が用いられる。すなわち、発起人は、「設立中の会社」の執行機関として法律関係を設けたのであり、その法律関係は実質的には「設立中の会社」に帰属しており、会社の設立により、「設立中の会社」が「会社」となることから、法律関係も「会社」に帰属することとなる、と理解するのである。

　問題となるのは、発起人の行為のどこまでが「設立中の会社」に帰属する

こととなるのか、という点である。発起人の権限の範囲が問われている。会社の設立に必要な設立事務所の賃借や設立手続のためのスタッフの雇用などの発起人の行為は、「設立中の会社」に帰属する。しかし、会社の設立後に、事業を速やかに開始するために、事業所の不動産を賃借したり、原材料を購入したりする開業準備行為については、見解が分かれている。判例は、開業準備行為は会社の設立に関する行為とはいえず、その法律関係は会社に帰属しないとした（最二判昭和33・10・24民集12巻14号3228頁）。

しかし、開業準備のための財産の取得は財産引受となり、法定の要件を満たせば発起人の権限に含まれることから、開業準備行為全般についても、定款に記載し対価が客観的である限り、法定の要件を満たすことにより発起人の権限とすべきであるとの見解もある。

3．定款を作る

発起人は、株式会社の設立手続の第一段階として、会社が発行する株式と、経営機構などに関する基礎的な規律である「定款」を作成しなければならない。ここでは、定款についてみる。

1　原始定款

発起人は、定款を書面または電磁的記録（電子データ）として作成し（会26）、公証人の認証を受けなければならない（会30）。この手続をした定款を原始定款という。

書面により作成すると、定款の原本には印紙税が課せられる。このため、近時は、電子データで作成し、公証人に送付、公証人が認証してデータに格納するのが一般的である。この場合でも、定款のコピーである謄本は、書面で受け取ることができる。

なお、定款は、株式会社の設立後に、株主総会にて特別決議により変更することが可能である。このときには公証人の認証は必要がない。また、株式会社と同じ有限責任社員のみにより設立される合同会社では、定款の認証は不要である。このため、株式会社の定款に公証人の認証が必要であるのか、

議論がある。

2 定款の記載事項

　定款に記載する内容については、①どの株式会社の定款にも必ず記載しなければならない「絶対的記載事項」、②記載がなくても定款として有効ではあるが、その事項の効力を生じさせるためには記載が必要となる「相対的記載事項」、③会社法の規定により定款に定めを置いた場合には効力が生じる事項、その他会社の任意で定款に記載することにより、定款の記載事項としての効力が生じる「任意的記載事項」がある。

　株式会社を設立するには、発起人が定款を作成しなければならず、難しく感じるかもしれないが、例えば、法務省のウェブサイトではサンプルとなる定款を公開しており無料で使える。ただ、サンプルであるから、会社の状況にあわせて加工する必要があるかもしれない。また、事業者のウェブサイトでは、営業としてではあるが、必要事項を入力すれば定款を自動的に完成してくれるサービスもある。また、設立手続とセットで、司法書士など専門家に依頼することもできる。

⑴　絶対的記載事項

　定款に、つぎの記載がないと、その定款は無効となる（会27）。

①会社の目的

　会社の事業内容を目的という。例えば「〇〇の製造販売」などである。複数の目的を定めてもよい。実務上、末尾に「前各号に附帯する一切の事業」とすることが多い。この目的は登記事項である。

　明治時代においては、法人の権利能力の範囲を定める役割を果たしていたが、現在では、定款所定の目的である業務を遂行するに必要な行為は、すべて会社の目的の範囲内と解しており、実質的に会社の目的による権利能力の制限はない。

　また、過去には、後述する類似商号規制があり、目的を明確に記載する必要があったが、これも現在では目的による制限を廃止している。このため、現在では、会社の目的の記載に実質的な効果はなく、出資者や取引先が、ど

のような事業内容の会社であるのかが判別できる程度のメリットしかない。

②**会社の商号**

　商号とは、商人の営業上の名称である。会社の場合、商号とは、会社の名称である。株式会社であれば、商号に「株式会社」を含める必要がある。商号は登記事項である。

　商人は、営業ごとに営業を示す商号を有することができる。しかし、会社では、すべての事業を通じて1個の営業であることから、会社ごとに商号は単一のものである。商号には、ひらがな・カタカナ・漢字などの日本文字のほか、アルファベット・アラビア数字・＆などの一部の記号である符号を用いることができる。

　平成17年商法改正までは、類似商号規制があり、会社の目的の一部でも同一である既存の商号を用いた他の会社は、同一の市区町村内では登記することが認められなかった。現在では、既存の商号と同一の商号を用いた他の会社は、同一の所在地には登記することが認められないのみである（商登27）。

③**会社の本店所在地**

　定款に記載しなければならない本店所在地は、最小行政区画となる市区町村まででよい。このように定めると、同一の市区町村内での本店移転は、取締役の決定（取締役会設置会社では取締役会の決議）で可能となる。しかし、市区町村を超えて本店を移転する場合は、定款変更が必要となる。なお、登記事項となる本店所在地は、番地まで必要である。

④**設立に際して出資される財産の価額またはその最低額**

　定款の附則に定める。過去においては、有限責任を享受することから、会社債権者を保護するために最低資本金制度が設けられたこともあったが、会社法では廃止されている。

⑤**発起人の氏名または名称と住所**

　発起人は、定款に署名（電子署名を含む）または記名押印しなければならない。なお、発起人は1株以上、株式を引き受けなければならず、実務では、発起人が引き受ける株式数も定款に記載することが多い。

⑥**発行可能株式総数**

　発行可能株式総数とは、株式会社の設立時の発行に限らず、定款を変更す

ることなく、会社が発行することができる株式数の上限をいう。発行可能株式総数は登記事項である。

　公開会社では、設立時に発行する株式数の4倍以内でなければならない（会37③）。また、設立後に定款変更により発行可能株式総数を引き上げることができるが、その場合も、公開会社では発行済株式総数の4倍以内でなければならない（会113③）。公開会社では、取締役会の決議で新株（募集株式）を発行し資金を調達することができるが、新株発行は既存の株式を希釈化し、既存株主の議決権割合の低下など、既存株主の利益を損なう可能性がある。このため、定款で発行可能株式総数を定め、これを限度に株主から取締役会に新株発行の権限を授けている。これを授権株式制度という。実務では、発行可能株式総数を授権株式数といい、会社のパンフレットなどに「授権資本……円」と記載されていることがあるが、これは、将来、会社が発行可能株式総数まで発行すれば会社が得る資本の額、という意味である。

　なお、原始定款に定め、公証人の認証を受けた後であっても、発起人全員の同意で変更することができる。この場合、改めて公証人の認証を受ける必要はない。

⑵　相対的記載事項

　その事項の効力を発生させるには、定款に記載しなければならない事項である。つぎの変態設立事項（会28）のほか、公告方法（会939）も相対的記載事項にあたる。

[1] 変態設立事項
①現物出資

　現物出資とは、金銭以外の財産による出資である。土地や建物などの不動産のほか、機械や原材料、自動車などの動産、国債や他社の株式などの有価証券も出資することができる。この現物出資は、設立時には、発起人のみができる。

　金銭による出資であれば、出資された価額に疑いはない。しかし、現物出資では、その現物の価額が過大に評価されることにより、他の出資者との不平等を招き、また、会社が保有する資産が欠けることにより会社債権者の利

益を損なう危険がある。

　例えば、AさんとBさんが会社を設立することとし、1株を5万円とすることにした。Aさんが1,000万円を金銭で出資し、200株を引き受けた。これに対し、Bさんは土地を出資し、この土地は1,000万円だといい、200株を引き受けた。しかし、もしかしたらBさんが出資した土地を正しく評価すると800万円の価値しかないかもしれない。そうであれば、Bさんは200株を引き受けるには、あと200万円を出資しなければならないはずである。この不足分をBさんが出資しなければ、Aさんは1株5万円で引き受けたが、Bさんは1株4万円で引き受けたこととなる。これは出資者間で不平等となってしまう。さらに、会社は本来2,000万円の資産を有するはずであったが、金銭1,000万円と土地800万円の計1,800万円の資産しか有していないことになる。これは、株主有限責任のもと、会社財産のみで債権者に弁済しなければならないことから、会社に2,000万円の資産があると信じて取引をした債権者の利益を害するおそれがある。

　このため、会社法は、現物出資がされるときは、定款に、現物出資する発起人の氏名・名称、出資する財産と価額、これに対して発行する株式の種類と数を記載することを求めている。

②財産引受

　財産引受とは、会社のために、会社の成立を条件として、発起人が特定の財産を譲り受ける契約をすることをいう。

　例えば、AさんとBさんが、それぞれ1,000万円を出資して、会社を設立することとした。しかし、会社の事業のために、Bさんが所有する土地が必要であるため、会社が成立した後に、会社がBさんより、土地を1,000万円で購入することとした。

　お気づきだろうか。Bさんは一旦1,000万円を金銭で出資しているが、会社の成立後に、土地を会社に1,000万円で譲渡しているので、結果的に土地を現物出資しているのと同じ状況となる。

　このため、会社法は、定款に、財産を譲渡する者の氏名・名称、譲渡する財産と価額を記載することを求めている。

③発起人の報酬・特別利益

　発起人が設立手続により報酬を得たり、特別利益を受けたりする場合には、設立に際して出資された財産の一部を発起人に交付することとなる。これは、交付を受ける発起人のみが有利となること、また、開業前に会社の財産を減少させる行為であることから、会社法は定款に記載することを求めている。

④設立費用

　設立手続のための事務所の賃借料や、株式の募集広告費など、発起人が株式会社の設立のために支出した費用を、会社に負担を求めるときは、定款に記載しなければならない。

　もっとも、会社を設立するために通常必要な費用である、印紙税（電子定款では不要）・公証人の定款認証費用・払込取扱金融機関の手数料・登録免許税などは、定款に記載する必要はない。

[2]　公告方法

　会社・外国会社は、会社法で求められる公告を、①官報に掲載する。この官報に掲載する方法に代えて、定款で、②時事に関する事項を掲載する日刊新聞紙（日本経済新聞など）に掲載する方法、③電子公告（やむを得ない事情により電子公告ができない場合の公告方法として①または②のいずれかを定めることができる）、のいずれかを定めることができる（会939）。

　この電子公告とは、インターネットを利用する方法であるが、公告期間、公告期間中に公告が中断した場合の公告の効果が定められ、また、法務大臣の登録を受けた調査機関による電子公告の調査が求められる（会940、941）。

　公告方法は登記事項である（会911③二十七から二十九）。また、電子公告の場合は、URL も登記する。

(3)　任意的記載事項

　絶対的記載事項・相対的記載事項以外の事項について、会社法の規定に反しない限り、定款に記載することができる（会29）。例えば、経営者である取締役の数について、会社法は上限を定めていないが、株式会社の定款で「当社の取締役は 3 名以上、10 名以内とする」などと、上限を定めることができ

る。この定めを置くことで、株主総会では最大10名までしか取締役を選任することはできなくなり、これ以上選任したいときは、先に定款変更を決議しなければならないという効果を生じさせる。

③　定款の効力

定款は、会社法に反しない範囲で、会社としての最高規範であり自治法である。つまり、当事者の合意に基づく契約と異なり、定款には、制定後に株主・取締役など会社の役員となった者に対しても法的拘束力がある。

④　定款の備置と閲覧・謄写

定款は、会社の本店及び支店に備え置かなければならない（会31）。発起人・株主・会社債権者は、定款の閲覧・謄写ができる。また、親会社社員（例えば、親会社が株式会社の場合は、親会社の株主という意味である）も、権利を行使するために必要があるときは、裁判所の許可を得て、閲覧・謄写をすることができる。

4．発起設立と募集設立

株式会社の設立手続には、発起人がすべての株式を引き受ける発起設立と、発起人に加えて株式を引き受ける出資者を募集する募集設立がある。実務的には、会社を作りたい起業者ひとり、またはごく少数の親しい人だけが出資して会社を作ることが多く、発起設立が使われることが多い。これに対し、多くの出資者を集めて株式会社を設立したいときには、募集設立が適している。

①　発起設立

発起設立は、発起人がすべての株式を引き受け、出資する設立方法である（会25①一）。つまり、設立手続に携わる発起人のみで会社が設立される方法である。このため、発起人は自己責任で判断し設立手続を進めることができることから、設立手続は容易になっている。

⑴　株式発行事項の決定

　設立に際して発行する株式（設立時発行株式）に関する事項は、発起人が決定する。「設立に際して出資される財産の価額またはその最低額」は定款に記載する必要がある。

　発起人が1名の場合は、発起人として決定する事項は、すべてその発起人が決定することとなる。発起人が複数の場合には、発起人組合として決定することとなるため、1人1票による多数決で決定する。ただし、①発起人が割当てを受ける設立時発行株式の数、②設立時発行株式と引き換えに払い込む金銭の額、③会社の成立後の資本金・資本準備金の額、については、発起人全員の同意により定めなければならない（会32）。

⑵　株式の引受

　発起設立では、すべての株式を発起人が引き受ける。発起人は引き受け後、遅滞なく、全額の払込みをしなければならない（会34）。現物出資の場合には、その全部の給付を行う。つまり、発起人は株式引受人である。

　この払い込みは、払込取扱機関の払込取扱場所となる金融機関にて行うが、発起設立では、発起人の普通預金口座を設け、その口座に払い込む簡便な手続が認められる。

　発起人が払込みをしない場合には、失権予告を付けて履行を催告し、それでも履行がなければ引受人を失権させる（会36）。履行された出資だけで、会社の設立を認める趣旨であるが、定款に定めた「設立に際して出資される財産の価額またはその最低額」を満たしていないときは、他の発起人に追加で出資してもらう必要がある。また、発起人は1株以上、設立時発行株式を引き受けなければならないので、失権により1株も引き受けなかった場合は、設立無効事由となる。

　出資を履行した発起人は、会社の成立により株主となる（会50）。

⑶　設立時取締役等の選任

　株式会社の設立に際し、設立事項の調査と設立後の最初の任期の会社経営を担う取締役を設立時取締役といい、発起人により選任される。この選任は、

発起人が引き受けた株式1株につき1票とする資本多数決により、過半数の賛成を得て決定する。発起人が1名であれば、すべての株式を発起人が引き受けることとなるから、その発起人のみで決定することとなる。このほか、会社が定款で監査役を設置する場合なども、同様の方法により決定する。

⑷　変態設立事項の調査

　現物出資などの変態設立事項がある場合には、発起人は裁判所に検査役の選任を請求し、その検査役が妥当であるか調査をしなければならない（会33）。検査役の調査により、不当とされた場合は、裁判所が定款の定めを変更することとなる。

　なお、現物出資と財産引受については、①対象となる財産につき、定款に記載した価額の総額が500万円を超えない場合、②対象となる財産が、市場性のある有価証券であり、定款に記載した価額が市場価格を超えない場合、③現物出資・財産引受が相当であることについて、弁護士・公認会計士・税理士（それぞれの法人を含む）の証明、対象となる財産が不動産の場合には不動産鑑定士による鑑定評価があるときは、検査役の調査は不要である。この場合、設立時取締役等は、①と②の場合には定款に記載された価額が相当か、③の場合には証明が相当か、調査する義務を負う（会46、93、94）。

⑸　設立時取締役等の調査

　設立時取締役等（設立時監査役が選任されている場合には、設立時監査役を含む）は、設立手続の法令・定款違反がないこと、出資の履行が完了していること、及び変態設立事項の相当性を調査する。調査の結果、法令・定款違反または不当な事項があったときは、設立時取締役等は各発起人に通知しなければならない（会46）。各発起人が改善することとなる。

2　募集設立

　募集設立は、発起人が1株以上の株式を引き受け、出資するほか、株式を引き受け出資してくれる者を募集し、株式会社を設立する方法である（会25①二）。発起人は、定款に署名し、設立手続を進めているから設立する会社の

ことを承知しているが、発起人ではなく募集に応じた者は設立手続に参加しておらず、設立する会社を熟知しているとは言い難い。このため、募集に応じた者への情報提供・権利保護の必要があり、募集設立での設立手続に反映されている。

(1)　株式発行事項の決定
　発起人による決定であり、発起設立と同じ規律である。

(2)　株式の引受
　募集設立では、発起人が1株以上引き受けるとともに、株式を引き受ける者を募集する。募集に対して、申込みがあると、発起人が申込人に株式を割り当てる。募集した株式数以上に申込みがあったときは、割当先と割当数量は発起人が自由に決定することができる。これを「割当自由の原則」という。割り当てられた人は、株式の引受人となり、発起人とともに、発起人が定めた払込期日または払込期間中に、全額の払込みをしなければならない（会63）。現物出資は発起人に限られるが、その全部の給付を行う。
　この払い込みは、払込取扱機関の払込取扱場所となる金融機関にて行う。払込取扱機関は、発起人の請求により払込金の保管証明書を発行する（会64）。この保管証明書を一旦発行すると、その後に、払込取扱機関はその証明した金額について払込みがなかったなどの主張をすることはできず、会社の設立後に、全額を会社に引き渡さなければならない。なお、この保管証明書は、募集設立による設立登記の際に、必要となる。
　発起人が払込みをしない場合には、失権予告を付けて履行を催告し、それでも履行がなければ引受人を失権させる（会36）。募集に応じた引受人が払込みをしない場合は、自動的に失権する（会63③）
　失権により、定款に定めた「設立に際して出資される財産の価額またはその最低額」を満たしていないときは、追加の出資を募集する必要がある。また、発起人が失権により1株も引き受けなかった場合に設立無効事由となることは、発起設立と同じである。
　払込みをした株式引受人は、会社の成立により株主となる（会102②）。

⑶　変態設立事項の調査

　発起設立と同じである。

⑷　創立総会

　募集設立では、払込期日・払込期間が終了すると、遅滞なく創立総会を開催しなければならない（会65）。発起設立では、発起人のみが設立時の株主となるので、発起人が設立時取締役等を決定し、設立時取締役等の調査結果も発起人に通知することで十分だが、募集設立では発起人ではない者も株式を引き受けているため、これらの者も設立時取締役等の決定に参加し、設立時取締役等の調査結果も報告を受ける必要がある。このように発起人ではない株式引受人を保護するために、会社成立後の株主総会と同様の決議機関として創立総会を設けている。

　創立総会の招集手続・議長などは、株主総会の規律とほぼ同様である。創立総会では、①発起人の設立経過の報告（会87）、②設立時取締役等の選任（会88）、③設立時取締役等による設立事項の調査（会93、94）、その報告などがなされる（会87、93）。創立総会は、変態設立事項が不当であるときには変更することができ（会96）、その変更に創立総会で反対した者は、株式の引受けを取り消すことができる（会97）。また、創立総会は、定款変更、設立廃止を決議することができる（会73）。

　創立総会の決議は、議決権を行使することができる設立時株主の議決権の過半数であって、出席した設立時株主の議決権の3分の2以上の賛成により行う。

③　出資の履行の仮装

　株式の引受人による出資は、株式会社のビジネスを展開する資本となる。また、株主有限責任の原則により、会社債権者にとって債権を満足するためには、株式会社に資産が必要であり、設立時にはその裏付けが払い込まれた資本である。このため、出資の履行が仮装され、株式会社に資産がない場合、その出資はまだ履行されていないと考える必要がある。

(1)　見せ金

　株式会社を設立しようと考え、発起人となったが、自身が払込金を用意できない、としよう。そこで、この発起人は友人から資金を借り、払込金に充てようと考えた。友人も、会社の成立後に返済してくれるなら、事業によるリスクはないと考え、資金を貸し付けた。発起人は、この資金を用いて払込みをし、会社を成立させた。ただ、この払込金は、会社の資本であり、また、会社の資産である。しかし、発起人は設立時取締役となり、経営者としての職務執行として会社の資産を会社のために使うことができる。そこで、会社から自己に資金を貸付け、その資金を用いて友人に返済した。

　このスキームを見せ金という。形式的には、会社に払込みがなされており、取締役が自己に資金を貸し付けるという利益相反取引が問題となる。しかし、スキームとして、全体があらかじめ計画された払込みの仮装であり、実質的に払込みはなかったと評価し、この払込みは無効と考えるべきである。

(2)　預合い

　見せ金よりシンプルなスキームである。見せ金と同じく、発起人自身が払込金を用意できない場合に、発起人が払込取扱機関である金融機関より資金を借り、その払込取扱機関に払込みをしたが、この借入金を払込取扱機関に返済するまで、その資金を払込取扱機関に預けたままとする約束をした。

　このスキームを預合いという。株式会社が払込金を事業に使うことができず、実質的に払込みはなかったと評価し、この払込みは無効と考えるべきである。なお、会社法は、預合いを防止するため、罰則を科している（会965）。

4　設立登記

　会社が法人格を取得することにより、設立手続は完了する。法人格を取得するには、設立の登記をしなければならない。つまり、設立の登記をすることにより、会社は成立する（会49）。

　この設立の登記は、発起設立の場合は設立時取締役等の調査終了後、募集設立の場合は創立総会の終了後、2週間以内に、本店所在地を管轄する法務局に申請する。この申請書類は、法務局のウェブサイトで公開されており、

登記オンライン申請システムによる電子申請や、申請前にこのシステムに入力し、その入力を反映するQRコード付き申請書の提出も可能である。なお、登録免許税の納付が必要である。この納付は収入印紙の貼付による。電子申請の場合は、申請時にインターネットバンキングからペイジーによる納付が可能である。

5．設立の瑕疵

　これまで株式会社の設立についてみてきたが、このような手続を会社法が定めたのは、株式の引受人、会社設立後に会社と取引をする債権者を保護するためである。このため、会社法が設けたルールに違反した設立行為があった場合に、その会社をどのように扱うか、誰にどのような責任を課すのかが問題となる。もし、そのまま、会社の成立を認め、誰の責任も問わないのであれば、会社法が定める設立手続を行う人はいなくなってしまう。しかし、会社の成立をすべて認めないとすると、既に会社と取引をした債権者が困ることとなる。それでは、株式引受人・債権者の保護が図れないばかりか、そのリスクを避けるため、設立時株式を引き受ける人や設立後間もない会社と取引をする人もいなくなり、結局は株式会社という仕組み自体が信用されず、使われなくなってしまう。このため、会社法は、設立手続に瑕疵があった場合の会社の取扱い、払込を仮装した者の責任、発起人・設立時取締役・設立時監査役の責任などを定めている。

① 設立無効の訴え

　会社の設立は準則主義に拠っているから、設立手続に会社法の規定に従っていない部分があれば、本来、その設立手続は無効とすべきである。

　しかし、会社が設立登記され、法人格を有する外観を有し、会社としての活動を開始したときに、設立手続に瑕疵があることをもって、設立を無効とすると、会社を巡る法律関係が混乱することとなる。そこで、会社法は、設立の無効を制限し、会社の設立の無効を主張するには、設立無効の訴えによってのみ可能とした（会828①一）。

　この設立無効の訴えは、設立手続に重大な瑕疵があった場合に限られると解されている。

無効事由となる重大な瑕疵の例
①定款の絶対的記載事項が欠けているなど、違法がある場合
②定款の認証がない場合
③株式発行事項につき、発起人全員の同意がない場合
④募集設立で、創立総会が適法に開催されない場合
⑤設立登記が無効である場合

　設立無効の訴えは、設立登記から2年以内に提起しなければならない（提訴期間制限）。したがって、設立登記から2年を経過すると、どんなに重大な瑕疵があったとしても、もはや設立の無効を主張することはできない。これは、設立後、相当の期間を経過すると、設立時株主の保護よりも、会社と取引をした第三者の保護を図るという法的安定性が求められるからである。

　また、設立無効の訴えを提起できるのは、株主等に限られる（原告適格）。

　設立無効の判決が確定すると、その判決は裁判の当事者に限られず、第三者にも及ぶ（会838）。これを対世的効力（もしくは絶対的効力）という。判決の効力は設立時に遡ることはなく、将来に向かってのみ効力を有する（会839）。このため、会社が解散したときと同じように清算手続を開始することとなる。

2　会社の不成立・不存在

(1)　会社の不成立

　発起人が設立手続を開始したが、途中で手続を止め、設立登記に至らなかった場合、会社は不成立となる。この場合は、設立無効の訴えによることなく、いつでも、誰でも、会社が存在しないことを主張することができる。

　発起人が会社のためにした行為であっても、すべて発起人全員の連帯責任となる（会56）。定款に設立費用に関する記載があっても、その費用は発起人の負担となる。既に、株式の払込みを受けている場合は、全額を払込人に返還しなければならない。

⑵　会社の不存在

　設立手続を開始することなく、会社を名乗ってビジネスを展開しているなど、設立手続が存在しない場合、会社は不存在である。会社の不成立と同様に、いつでも、誰でも、会社の不存在を主張することができる。

③　設立に関する責任

⑴　出資不足額填補責任

　現物出資・財産引受の対象となった財産につき、定款で定めた価額に比べ、会社成立時の価額が著しく不足する場合は、発起人と設立時取締役は不足額の填補責任を負う（会52）。ただし、現物出資をした発起人・財産引受での譲渡者を除き、①現物出資・財産引受について検査役の調査を受けたとき、②過失がないことを立証したとき、には責任を負わない（会52、103）。

　また、現物出資・財産引受について、証明・鑑定評価をした者も、不足額の填補責任を負う（会52③）。ただし、過失がないことを立証したときは、責任を負わない。

⑵　仮装出資履行責任

　発起人は、出資の履行を仮装した場合には、株式会社に対し出資を履行する責任を負う（会52の2）。現物出資を仮装した場合に、会社が現物出資の給付に代えて、財産の価額に相当する金銭の支払いを求めた場合には、その金銭全額の支払いをしなければならない。この責任は無過失責任であり、過失がなかったことを立証して責任を免れることはできない。

　また、募集設立において、設立時発行株式の引受人が払込みを仮装した場合には、株式会社に対し払込みをする責任を負う（会102の2）。この責任も無過失責任である。

　これらの仮装に関与した発起人・設立時取締役も同様の責任を負うが、過失責任であり、無過失を立証すれば責任を免れることができる（会52の2②、103②）。

　仮装があった場合、これらの責任を履行した後でなければ、仮装した設立時発行株式については、設立時株主・株主の権利を行使することはできない

（会52の2④、102③）。ただし、この設立時発行株式または株主となる権利が第三者に譲渡された場合は、譲り受けた第三者に悪意または重大な過失があるときを除き、設立時株主・株主としての権利を行使することができる（会52の2⑤、102④）。

⑶　任務懈怠責任

　発起人・設立時取締役・設立時監査役に任務懈怠があったときは、株式会社に対し損害賠償責任を負う（会53①）。この責任は過失責任である。

　また、任務懈怠につき悪意または重過失があり、第三者に損害を与えたときは、第三者に対しても損害賠償責任を負う（会53②）。

　以上の責任は連帯責任である（会54）。

⑷　疑似発起人の責任

　発起人の責任は、発起人として定款に署名した者が負担する。しかし、例えば、募集設立で、株式引受人の募集広告に名を連ねることを承諾するなど、発起人の活動と評価される外観を有した者は、疑似発起人として、発起人と同じ責任を負う（会103④）。

⑸　代表訴訟・免除

　以上の責任の追及にあたっては、株主代表訴訟の対象となる（会847）。

　また、出資不足額填補責任・仮装出資履行責任・会社に対する任務懈怠責任を会社が免除するには、総株主の同意が必要である（会55、102の2②、103③、847の3⑤）。

第3章　株　式

　株式会社に出資すると、会社に対して出資者としての地位を得る。この会社に対する出資者としての権利を均等に小口化したものを株式という。「会社が株式を発行する」というが、株式そのものは目に映らない概念的なものである。もっとも、会社が株式を表章する株券を発行することはある。

　さて、なぜ、株式会社に対する出資を株式という概念として位置付けているのだろうか。また、株式を所有する者を株主という。株主にはどのような権利があるのだろうか。

　本章では、株式・種類株式とはなにか、株主の自益権・共益権、株主の投下資本回収方法としての株式の譲渡、そして、会社は自己の株式を保有できるかなどについて、みることにしよう。

1．株式とはなにか

1 株式とは

　株式とは、会社の出資者としての地位を細分化割合化したものである。

　では、なぜ株式会社で株式が必要とされるのだろうか。

　例えば、Aさんが、有名パティシエが作ったホールケーキを食べたいとする。このケーキは1万円もするため、友人たちとシェアしようと考えた。自分は半分食べたいので半額の5千円を払い、残りを友人たちに食べたい割合だけ、ケーキ代を払ってもらおうというのである。Bさんは4分の1を食べるから2,500円、Cさんは8分の1を食べたいから1,250円……を払う、という仕組みである。

　この仕組みをビジネスの主体に持ち込んだのが株式会社である。例えば、

　Aさんがビジネスを始めたいとする。しかし、起業にはまとまった資金が必要であり、1,000万円が必要と考えたが、自分の貯金は500万円しかない。そこで不足する資金を、親戚や友人に出資してもらおうと、ビジネスプランを作って募った。親戚や友人はAさんのビジネスプランに賛同し、Bさんは250万円、Cさんは125万円……Fさんは5万円なら出資できるという。

　ところで、ケーキの例で、どの種類のケーキを買うのか決める必要があるように、株式会社の場合でも、例えば、「経営者を誰にするのか決める」など、さまざまな意思決定をしなければならない。全員一致で決定するのは、全員が妥協できる範囲で決めることとなり、選択肢を狭めてしまうから、多数決で決定するほうが合理的である。

　もし、出資者は全員500万円出資すること、と定めると、意思決定の際の賛否は人数を数えればよい。が、これではAさん自身しか出資できないので、500万円でビジネスを始めるしかない。では、全員100万円出資することとしたらどうか。Aさん、Bさん、Cさんの3人までは出資できる。が、それでは合計で300万円にしかならない。では、どうすればよいか。1口、5万円で出資を募る方法がある。これであれば、Aさんは100口、500万円を出資できるし、Fさんも1口、5万円出資できる。意思決定の際の賛否は人数ではなく、口数で数えればよい。この「1口」という考え方が株式である。この例だと、Aさんは100株を引き受け、500万円を出資することになる。

　また、この株式を他人に譲渡するのも容易である。価格を1株あたりいくら、と決め、何株を譲渡する、と決めるとよい。もし、株式という概念がなければ、「会社全体の価値はいくらで、そのうち今回譲渡するのはこの割合だから、譲渡金額はいくら」という説明になる。

　このように、株式とは、多数の人が出資でき、それも出資者ごとに出資できる金額が異なっても、それぞれの出資者が株式会社に参加できるようにするための法的技術なのである。

② 株式の性質

⑴ 均一性
　株式は出資者の地位を等しく細分化したものである。「等しく」とあるよう

に、細分化された地位はどれも同じ内容である。そこで、株式は均一である、といえる。これを株式の均一性という。種類株式を発行している場合には、種類ごとに均一となる。1人で複数の株式を所有する場合は、その株式の数だけの出資者の地位を保有することになる。

⑵　不可分性

　株式は1株単位で権利行使するためのものであり、1株未満にすることを認めると、意味をなさなくなる。そこで、株式は1株未満にすることは認められない、という不可分性がある。

　しかし、株式を2人以上で共有することはできる。2人以上で出資したり、株式を買い受けた場合、また、相続の場合などに共有が生じる。この場合、会社が認めた場合を除き、共有者は、共有する株式につき、会社に対して権利を行使する者一人を指定し、会社に通知しなければ、その権利を行使することはできない（会106）。また、共有者は、会社からの通知及び催告を受ける者一人を指定し、会社に通知しなければならない（会126③）。この場合、会社は指定された共有者に対し、通知及び催告をする。もし、共有者が代表者を定めないときは、会社は共有者の一人に対して通知及び催告をすればよい（会126④）。

③　株主平等原則

　株式の均一性から、種類が同じ株式1株は同じ内容の株式であるから、株主はその保有する株式の種類及び数に応じて、平等の取扱いを受ける（会109①）。これを株主平等原則という。会社法により例外とされる場合を除いて、この原則に反する株主総会の決議、取締役会の決議、取締役の業務執行などは無効である。

④　株主の義務と権利

⑴　株主の義務

　株主は株式の引受価額を限度して責任を負う（会104）。これを株主有限責任という。持分会社での無限責任社員と異なり、株式会社の株主は有限責任

社員である。株主は追加で出資する義務を負っておらず、会社が債務を弁済できなくなったとしても、株主がその債務を肩代わりすることはない。このことから、株式会社と取引をする者は、弁済されないというリスクを自ら負担することとなる。

(2)　株主の権利

　株主は株式会社の社員としての権利を有する。この権利は、自益権と共益権に分類することができる。

　自益権とは、会社から直接に経済的利益を受ける権利である。例えば、会社の事業活動から生じた利益の配当を受ける権利である「剰余金配当請求権」、会社を清算するときに債権者に弁済を終えた後に会社に残った財産の分配を受ける権利である「残余財産分配請求権」などがある。

　共益権とは、会社の経営に参画する権利である。例えば、株主総会での「議決権」、株主総会決議に瑕疵がある場合の「取消訴権」、取締役等の違法行為を差し止める「違法行為差止請求権」などがある。

　この共益権は、1株以上所有することで行使が可能な単独株主権と、発行済株式の一定割合または一定数、総株主の議決権の一定割合または一定数の株式を保有している株主に限り行使できる少数株主権がある。また、行使にあたり、一定期間、株式を保有していることを要件とする権利もある。

(3)　株主の権利行使に関する利益供与の禁止

　株式会社は、株主の権利の行使に関し、自己または子会社の計算で財産上の利益を供与してはならない（会120①）。特定の株主に対する無償供与などは、株主の権利行使に関する利益供与と推定される（会120②）。株主総会で経営者に有利になるよう発言したり、他の株主による経営者に不利な発言を遮ったり、経営者に有利に議決権を行使することを、会社または会社の子会社の資金を提供して株主に依頼するなどの行為を禁止するものである。会社経営の健全性を維持すること、会社財産の浪費を防ぐことを目的としている。

　これに違反して、財産上の利益を提供した場合、まず、その供与を受けた者は会社または子会社に返還しなければならない（会120③）。利益提供を受け

た株主との関係のために取締役等が返還を請求しないことも考えられるが、この返還請求には株主代表訴訟（会847）が認められ、他の株主が会社に代わって利益供与を受けた株主に対し返還を請求することができる。また、利益供与に関与した取締役・執行役は、その供与した利益の額につき、会社に対して連帯して賠償する義務を負う（会120④）。この取締役等の責任につき、利益供与を行った取締役等は無過失責任であるが、それ以外の取締役等は過失責任である。

　また、取締役等には刑事罰もある（会970）。

⑤　単元株

　証券取引所に上場している会社など、多くの株主が存在する株式会社では、ごく少数の株式しか保有していない者に対しても、株主総会の招集通知などを送付するとなると、そのコストは膨大なものとなってしまう。

　そこで、定款により、一定数の株式をひとまとめにして1単元とする、単元株制度の採用を認めている（会188）。この一定数とは、1,000株、もしくは発行済株式総数の200分の1の、いずれか低いほうが上限となる（会規34）。現在、東京証券取引所に上場している会社は、100株を1単元としている。

　単元未満の株式数を保有している株主は、株主総会には出席できないが、剰余金の分配を受けることはできる。証券取引所では売買できないが、会社に対して買取請求権を有する（会192、193）。また、保有する単元未満株式を1単元とするために、不足する株式を会社に売り渡すよう請求することもできる（会194）。

2．異なる株式の役割と使い方

①　権利内容の異なる株式

　ここまでみてきたように、株式は社員の地位を均等に細分化したものであるから、各株式の権利の内容は同一といえる。しかし、株式による資金調達の多様化、株主による会社支配関係の多様化により、権利の内容が異なる株

式の発行のニーズがあることを踏まえ、会社法は限定的にこれらの発行を許容することとした。

　まず、発行する株式の全部につき、①譲渡制限、②取得請求権付、③取得条項付として、権利の内容について定めを置くことができる（会107①）。また、権利の内容の異なる種類として9項目を定め、複数の種類株式の発行を認めた（会108①）。

　株式会社が種類株式を発行しようとするときは、定款により定める必要がある。まず、株式の権利の内容について定款に定めがなく会社法に委ねられている状態、つまりデフォルト状態で発行されている株式を一般に「普通株式」という。これに対し、権利の内容について定款に定めが置かれている株式を「種類株式」という。会社法上は、種類株式を発行している場合には、普通株式も種類株式のひとつである。

　また、すべての株式に譲渡制限が付されている非公開会社では、①剰余金の配当、②残余財産の分配、③議決権について、株主ごとに異なる取扱いをすることを定款で定めることが認められている（会109②③）。これを「属人的みなし種類株式」という。旧有限会社法で認められていた取扱いを引き継いだものである。

② 種類株式

⑴ 剰余金の配当に関する種類株式

　剰余金の配当について、他の株式と異なる定めを有する株式である。他の株式よりも優先的に配当する定めがある場合を「優先株式」、劣後的に配当する定めがある場合を「劣後株式」という。

　この「優先的に配当」とは、分配可能額規制のもとで、剰余金から、まず優先株式の株主に対して定めておいた優先配当の内容に従い優先して配当し、その後に普通株式の株主に対して配当する仕組みである。

　優先株式であっても、必ず優先配当金額を受け取ること保証するというものではない。配当額がゼロの可能性もある。この場合に、優先配当金額までの不足額について、次年度以降に持ち越す「累積的優先株式」と、当年度で切り捨て、次年度以降には持ち越さない「非累積的優先株式」がある。

　また、会社が成長し剰余金が大きくなると、優先配当金額を優先株式の株主に配当した後の金額が大きくなり、計算上、普通株式の株主に対する１株あたり配当金額が、優先株式の株主に対する１株あたりの配当金額を上回るという逆転現象が起きることがある。この場合に、優先配当金額を優先株式の株主に配当した残額につき、優先株式の株主も配当を受けることができる「参加型株式」と、優先株式の株主は配当を受けることができない「非参加型株式」がある。非参加型株式にしておき、優先株式から普通株式への転換を促す設計にすることもできる。

　普通株式の配当利回りが低く、新株の引受先がないなどの場合に、優先株式を発行して資金を調達することができる。

(2)　残余財産分配に関する種類株式

　会社を清算し、債務者に対する弁済を終えたあと、会社に残った財産を残余財産という。これは株主に分配することとなるが、この残余財産の分配について他の株式に優先して、または劣後する株式を「残余財産分配に関する種類株式」という。

(3)　議決権を制限する種類株式

　株主総会の全部または一部の事項について議決権を行使できない株式を「議決権制限種類株式」という。全部の事項について議決権を行使できない株式を完全無議決権株式ともいう。議決権制限種類株式を発行するには、議決権の行使事項・条件を定款に定めなければならない。

　エクイティ・ファイナンスでは議決権の増加が課題となるが、完全無議決権株式であれば、従来の議決権構成を変化させずに資金調達が可能となる。議決権の行使よりも剰余金の配当等により関心のある株主に対して、例えば、完全無議決権株式と剰余金の配当に関する優先株式と組み合わせ、「議決権はないが、配当金は多い」という設計をすることができる。なお、平成13年商法改正までは、剰余金の配当に関する優先株式でなければ無議決権株式とすることはできず、優先配当がなされない場合には、議決権が復活すると定めていたが、現在ではこのような仕組みはない。

　また、相続による事業承継対策として、会社経営者を担う相続人には議決権のある普通株式を、それ以外の相続人には完全無議決権株式を相続させることにより、相続後の会社経営がスムーズに行えることもある。但し、公開会社では、議決権制限株式は発行済株式総数の2分の1を超えてはならない（会115）。

⑷　譲渡制限株式

　株式会社では原則として出資の払戻をしないため、株主が投下資本を回収するには、株式を売却するしかない。このため株式は自由に譲渡できるのが原則である。しかし、中小企業では、親族、従業員、取引先など限定的な範囲で株主となり、友好的に経営者に経営を委ねることが多い。このような会社では、見知らぬ人が株主となり、経営に参加しようとするのを避けたいというニーズがある。そこで、会社法は、株式の譲渡について会社の承認を条件とする「譲渡制限株式」を認めている。

　全部の株式を譲渡制限株式とすることもできるし、一部の株式について譲渡制限を付け種類株式とすることもできる。

⑸　取得請求権付株式

　株主から、会社に対して、株式を取得するよう請求することができる株式である。償還株式として利用することができ、株式であるものの、社債に近接しているといえる。証券取引所に上場していない会社では、株主が株式を譲渡して投下資本を回収したいと思っても、買い手を探すことは難しい。譲渡制限株式であればなおさらである。この場合に、会社に買取りを求めることができる取得請求権が株式に付されれば、投資家は、株式を取得しやすくなるであろう。

　すべての株式を取得請求権付株式とすることができ、その場合には、定款で①取得請求権付種類株式であること、②取得の対価、③請求期間を定める（会107②）。また、一部の種類株式を取得請求権付株式とする場合には、①から③に加え、定款で発行可能種類株式総数を定める（会108②）。取得請求権は形成権であり、行使により当該株式は会社の自己株式となり、株主は対価を

取得する（会 167）。

　なお、取得請求権が行使されても、会社が取得できるのは分配可能額の範囲に限られる（会 166）。したがって、剰余金がマイナスとなっている会社では、株式の取得を請求することはできない。

(6)　取得条項付種類株式

　一定の条件を満たしたときに、株主から株式を取得することができる株式である。取得請求権付株式と異なり、株主の意思は問わない。会社が取得するにあたり、対価を金銭に定めると強制償還株式として設計することができ、対価を他の種類の株式と定めると強制転換株式として設計することができる。例えば、一定の期間を経過することにより強制的に償還することができ、剰余金の配当を受けることができる「社債と同様の証券」として設計することができる。また、株主を役員及び従業員である者にのみにしたい場合、役員及び従業員でなくなったことを取得事由とすることにより、退職者から会社が株式を取得することができる。強制転換株式の例としては、一定の条件を満たしたことにより、剰余金の配当に関する優先株式から普通株式に強制的に転換させることもできる。

　すべての株式を取得条項付株式とすること、また、一部の株式を取得条項付種類株式とすることができ、定款で一定事項を定めなければならない（会 107②三、会 108②六）。

(7)　全部取得条項付種類株式

　株主総会の特別決議により、その種類株式の全部を取得できる株式である。会社が債務超過となると株主が所有する株式の経済的価値がゼロと評価できるが、この場合に株主が所有する株式をすべて消去する 100％減資を行い、経営を継承するスポンサーに新たに株式を発行して会社の再建を図ることがある。裁判所が関与する法的整理の場合を別として、私的整理では従来は株主全員の同意が必要と解されていた。全部取得条項付種類株式は、この 100％減資を株主総会の特別決議で行えるようにしたものである。

　しかし、会社法上、全部取得条項付種類株式の全部取得には条件が付され

ておらず、会社が債務超過の場合に限られない。このため、主要株主が一般
株主を締め出す場面でも用いられている。例えば、完全子会社化やMBOを
図る場合に、第一段階として買収者側が行った会社に対するTOB（公開買付）
に応募しなかった一般株主より、第二段階として会社が強制的に買い付ける
場合などがある。もっとも、全部取得条項付種類株式を用いた強制取得では
時間を要するという問題点があった。平成26年改正で、特別支配株主の株式
等売渡請求が設けられたことから、特別支配株主であれば株主総会の特別決
議を経ずに、一般株主に対して売渡を強制することができるようになった。

　全部取得条項付種類株式を取得するには、事前の情報開示が必要である
（会171の2）。全部取得条項付種類株式の取得が法令または定款に違反する場
合、株主は会社に対し、全部取得条項付種類株式の取得の差し止めを求める
ことができる（会171の3）株主総会の特別決議で、取得対価、取得対価を株
式や社債等とするときは割当に関する事項、取得日を定める。この決議に反
対した株主には、株式買取請求権が認められ、その請求による買取りの効力
は定款変更の効力発生日とされる（会117④）。また、取得価格決定申立権（会
172①）が認められる。なお、事後の情報開示が求められる（会173の2）。

⑻　拒否権付種類株式

　定款の定めに従い、株主総会の議案の成立のためには、その議案の種類株
主総会での賛成決議を必要とする種類株式をいう。種類株主総会の決議がな
ければ、株主総会での決議が設立しないことから、拒否権といわれる。また、
たった1株でも拒否権付種類株式が発行され、その株主が反対すれば、どれ
だけ株主総会で賛成票があっても議案は成立しないことから、黄金株ともい
われる。

⑼　取締役・監査役の選解任に関する種類株式

　非公開会社（指名委員会等設置会社を除く）に限り、種類株主総会で取締役・
監査役の選解任ができる種類株式を発行することが認められている。例え
ば、A社51％、B社49％出資の会社の場合、取締役の選解任、監査役の選任
は株主総会の普通決議によるため、A社だけで決定することができる。そこ

で、B 社が出資に際し、株主間契約で出資比率に応じた取締役や監査役の選任権を求めることが多い。この株主間契約の実効性を高めるのが、この種類株式である。

3．投資家が投下資本を回収するには

1 株式譲渡自由の原則

　株式会社では、原則として出資の払戻しをしない。株主は、株式の引受金額を限度とする有限責任しか負わないことから、株式会社は自らの財産のみを債権者に対する責任財産とするため、出資の払戻しによる責任財産の減少は債権者の利益を損なう危険があるからである。

　しかし、このことは、出資者が株式会社に出資した財産は、永久に出資者に戻らないこととなりかねない。他にも投資先が数多くあるなかで、出資した財産が戻らないとすると、投資家としては株式会社への投資を避けることとなり、株式会社は資本を集めることができず、結局は株式会社というシステムが成り立たないこととなる。

　そこで、会社法は、原則として株式の譲渡を自由とした（会127）。これを株式譲渡自由の原則という。投資家は所有する株式を第三者に売却することにより、その時点での株式の価値を現金に交換することができる。投資した資金の額を会社から回収するのではなく、株式を購入する者より代金として得ることで、投下資本の回収を図るのである。

2 株券

(1) 株券

　株券とは、株式を表章した有価証券をいう。

　会社法は、原則として株券を発行しないこととしている。平成17年改正前は、株式会社は株券を発行しなければならないとしていたが、発行には印刷費や印紙税のコストがかかること、盗難紛失のおそれがあり本来の株主でない者が株主であることを主張する可能性があることなどから、株券を発行し

ない会社が多かった。会社法はこの実態を認めた形である。

　しかし、会社が株券を必要とするときには、定款で定めることにより株券を発行することができる（会214）。この会社を株券発行会社という。株券発行会社では、株式の発行後、株券を遅滞なく発行しなければならない（会215①）。しかし、非公開会社の株券発行会社では、株主から請求があるまで株券を発行しなくてよい（会215④）。また、株主は株券を所持しないという申出（不所持の申出）をすることができる（会217）。

　なお、証券取引所で売買される上場株式を発行する上場会社は、株券のペーパレス化（電子化）により、株券を発行することはできず、株式は振替株式となる。

(2)　株券の効力発生時期

　株券の効力はいつ発生するのか。判例は、株主に株券が交付された時点としている（交付時説、最三判昭和40・11・16民集19巻8号1970頁）。これに対し、会社が株券を作成し交付先が決まった時点（作成時説）を主張する有力説、会社が株券を作成し自己の意思に基づいて何人かに交付した時点（発行時説）もある。

　この問題は、会社が株券を発送した後に紛失し、第三者が所有するに至ったときに、誰が株主となるのか、という例で議論されてきた。交付時説を採用すると、第三者が取得したのは株券という名の紙であり、有効な株券ではないので、受け取るはずであった者が株主のままである。しかし、作成時説を採用すると、会社が株券を発送した時点で有効な株券となっているから、取得した第三者が株主となる。この結果、受け取るはずであった者は株主の地位を失うこととなる。

　受け取るはずであった者は、自宅で株券の到着を待っていただけで、なんらの落ち度もない。このため、交付時説による解決が妥当であろう。

(3)　株券失効制度

　株券を紛失したり、盗難に遭ったりしたときは、株主の地位を失うこととなるのか。

株券を紛失、盗難などにより喪失した場合、株券失効制度により株券を失効させ、会社から株券の再発行を受けることができる（会 221 から会 233）。

③ 株主名簿

株式の譲渡は売り手（現在の株主）と買い手（株式を取得しようとする者）との間で行われる。株式会社は株式が譲渡されたかどうか知ることはない。では、どのようにして現在の株主に対して株主総会の招集や配当金の支払いなどを行うのか。

会社法は、会社に対し株主名簿の作成を求め、株主になろうとする者は、この株主名簿への記載を求めることとした。この株主名簿という制度を設けることにより、会社は基準日現在の株主名簿に記載された株主を、権利行使できる株主として扱うことができる。また、株主も、株券を呈示するなど株主であることを証明することなく、株主名簿に記載されていることをもって権利行使をすることができる。

株主名簿には、①株主の氏名または名称および住所、②株主が有する株式の数（種類株式が発行されているときは、種類および種類ごとの数）、③株主が株式を取得した日、④株券が発行されている場合は株券の番号、を記載する（会121）。

この株主名簿は、会社の本店に備え置かなければならない（会125）。株主および会社債権者は、会社の営業時間中いつでも株主名簿の閲覧または謄写の請求をすることができる。但し、①請求を行う株主または会社債権者が権利の確保または行使に関する調査以外の目的で請求したとき、②請求者が会社の業務の遂行を妨げ、または株主の共同の利益を害する目的で請求したとき、③請求者が株主名簿の閲覧または謄写により知り得た事実を利益を得て第三者に通報するために請求したとき、④請求者が過去2年以内に株主名簿の閲覧または謄写により知り得た事実を利益を得て第三者に通報したことがあるもののときは、会社は請求を拒絶することができる。また、親会社社員（親会社の株主など）は、権利を行使するために必要があるときは、裁判所の許可を得て閲覧請求することができる。

なお、会社は定款で定めることにより、株主名簿の作成、備置を株主名簿管理人に委託することができる（会123）。

4　株式の譲渡

⑴　譲渡方法

　株式を譲渡するにあたり、株券発行会社では、譲渡する株主は譲り受ける者に対し、株券を交付しなければならない（会128）。株券を占有している者は、適法な所持人として推定される（会131）。その者から株券の交付を受けた者は、悪意または重過失がない限り、善意取得する。

　これに対し、株券を発行しない会社では、譲渡する株主と、譲り受ける者の意思表示により株式を譲渡することができる。なお、株主名簿に記載されなければ、譲り受けた者は会社・第三者に対して対抗することはできない。

　なお、振替株式では、証券保管振替機構（ほふり）、口座管理機関により振替が行われる。振替機構は基準日等における振替機構と口座管理機関の振替口座簿の内容を発行会社に通知し、会社は株主名簿に通知事項を記載する。これを総株主通知という。また、少数株主権等の行使のために、個別株主通知を請求することができる。

⑵　株式の流通

　上場株式は振替株式であり、株主は口座がある証券会社を窓口として、証券取引所を通じて売買することができる。

　これに対し未上場株式については流通が限られており、売買するためには、相手を自分で探さなければならない場合が多い。世界的には、株式型クラウドファンディングにより発行された未上場株式の流通市場整備が加速しており、我が国でも株式型クラウドファンディング事業者により流通市場が創設される予定である。

⑶　株式の譲渡制限

[1]　定款による譲渡制限

　株主が投下資本を回収するためには、原則として株式を譲渡し、その譲渡代金を得る方法を取ることになる。このために株式譲渡自由の原則が認められている。しかし、我が国の会社の大多数は親族など特定の者により出資を

受けており、株主は経営者の経営を信頼していることが多く、経営者も株主も、見知らぬ者が株主となることを好まないことから、定款で株式の譲渡を制限することが認められている。

　この定款による株式譲渡制限は、すべての株式を対象とすることもできるし（会107①一）、一部の株式を種類株式として対象とすることもできる（会108①四）。また、定款の定めについては、設立時の定款のほか、定款を変更して譲渡制限の定めを置くこともできる。なお、定款の変更の場合、株主総会の決議は議決権を行使することができる株主の半数以上（定款でこれ以上とすることもできる）で、当該株主の議決権の3分の2以上（定款でこれ以上とすることもできる）の賛成が必要となる特殊決議となる（会309③）。譲渡制限を設けたときは、登記事項であり、株券発行会社では株券に譲渡制限株式である旨を記載しなければならない（会911③七、216三、同四）。

　この譲渡制限は、取締役会設置会社では、譲渡にあたり取締役会の承認が必要とされるものである。取締役会非設置会社では、原則として株主総会の承認が必要とされるが、定款で代表取締役の決定とすることもできる（会139①）。

　この承認の請求は、売り手となる譲渡前の株主（会136）のほか、譲受けた株式取得者からもすることができる（会137）。つまり、譲渡制限株式であっても、譲渡の当事者間では、その譲渡は有効である。ただ、株式取得者は、会社の承認の前は、会社に対して株主であることを主張することはできない。このため、承認なく譲渡された場合、譲渡前の株主を、会社は株主として取り扱うこととなる。

　では、譲渡の承認が認められなかったときはどうなるか。譲渡制限は譲渡禁止ではない。株主の投下資本の回収の機会を設ける必要がある。そこで、株主は、承認が認められないときには、株式の買取り、または会社に対し買取人の指定を求めることができる（会138）。会社、または指定買取人が株主に対して買取りを通知した後は、株主は一方的に譲渡承認の請求を撤回することはできない（会143）。なお、会社は所定の期間内に通知しなければ、譲渡を承認したものとみなされる（会145）。

　会社や会社が指定する買取人に譲渡する場合に、問題となるのは株式の売

却価格である。当然に、売り手となる株主は高く売りたいし、買い手となる会社や指定買取人は安く買いたい。このため株式の価格を巡って争いとなることがあり、この場合には、当事者または会社の申立てにより裁判所が価格を決定する（会144）。

　なお、相続、合併などの一般承継には、定款による譲渡制限は適用されない。この一般承継により、会社にふさわしくない株主が出現するのを避けるため、一般承継により株式を取得した者に対し、定款で定めることにより、会社は株式の売渡しを請求することができる（会174）。

[2]　契約による譲渡制限

　A社とB社が提携し共同で会社を設立し株主であるときに、一方の株主が他方の株主に無断で第三者に株式を売却し提携関係を離脱されると、他方の株主は突然見知らぬ第三者と共同で会社を経営しなければならなくなる。このような事態を防ぐために、株主間で相互に無断で第三者に株式を売却することを禁止する、さらに、一方の株主が売却する際には他方の株主が優先的に買い取ることができるなどの契約を締結することがある。

　このように契約により株式の譲渡を制限することについて、契約自由の原則から、株主間で契約することには問題はないと考える。従業員持株会の従業員会員が会社を退職するにあたり、持株会規約により取得価格で他の会員に株式を売却することが求められたことに対し、持株会規約が株式譲渡自由の原則に反すると主張した事例があったが、裁判所は持株会規約を認めている（最三判平成7・4・25集民175号91頁）。会社が契約当事者となる場合は、株式譲渡自由の原則との関係が疑問とされるが、譲渡制限の内容等から有効性を判断すべきという見解が有力である。役員に対し株式報酬としてリストリクテッド・ストックを発行する場合には、この契約による譲渡制限を行っている。

[3]　このほかの株式譲渡の制限

　会社成立前、新株発行前の株式引受人の地位を譲渡した場合、当事者間では有効であるが、会社には対抗することができない（会35、63②、208④）。株券発行会社の株券発行前の譲渡も同様であるが（会128①）、会社が株券を発行しない場合には、株券がなくても当事者間の意思表示だけで譲渡が認められる。

　また、原則として、子会社は親会社の株式を取得することは認められない（会135）。

4．会社は自己の株式を保有できるか

1 自己株式の取得

⑴ 自己株式取得の許容

　株式会社が自ら発行した株式を取得すると、その株式を自己株式という。出資者が出資と引き換えに得た株式が、発行した会社に戻ってきたのであるから、対価を支払って自己株式を取得したとすると、その対価は出資の払戻しにあたる。しかし、株式会社は、株主が有限責任であり、会社債権者に弁済する引当財産は会社財産に限られることから、会社財産を一方的に減少させることで会社債権者を害することのないように、出資の払戻しを禁止していたはずである。これにもかかわらず、会社は有償で自己株式を任意に取得できるのだろうか。

　平成13年6月改正前商法は、この自己株式の取得を原則として禁止していた。その理由として、①会社債権者保護—前述、のほか、②株主間の公平の確保—特定の株主にのみ投下資本回収の機会を与えることとなる、③不公正な株式取引の禁止—相場操縦やインサイダー取引に利用される可能性、④会社支配権をめぐる取引の禁止—経営者に敵対する株主を排除する目的で会社の資金で株式を買取ることができる、があげられる。

　しかし、株式市場の活性化、事業再編の活発化などを目的に、平成14年6月商法改正で、自己株式取得解禁に転換した。この転換にあたり、前述の自己株式取得禁止の理由を踏まえ、自己株式の取得には、手続、方法、財源の規制が置かれた。この規制を遵守することにより、自己株式取得の弊害は回避されることとなる。

⑵ 自己株式の取得が許容される場合

　会社法は自己株式の取得を、①株主との合意による取得、②取得条項付種

類株式、③取得請求権付種類株式、④全部取得条項付種類株式の取得、⑤株式相続人等への売渡請求による取得、⑥単元未満株式の買取り、⑦所在不明株主の株式の買取り、などの場合に許容する（会155）。

(3)　自己株式取得の手続規制

　会社が任意に取得する「株主との合意による取得」を行うには、①すべての株主を買い受けの対象とする方法、②特定の株主を買い受けの対象にしつつ、他の株主も買い受けに参加できる方法、③市場取引等により会社が取得する方法、④子会社から取得する方法、がある。

　①すべての株主を買い受けの対象とする方法は、すべての株主に投下資本の回収の機会を与えるものであり、株主間の公平が確保できる。まず、株主総会の決議で、これからの1年間で会社が取得できる自己株式の内容、対価の総額などを定め、会社（取締役会設置会社では取締役会）に授権する（会156）。なお、定款により剰余金分配を取締役会の権限としている会社では取締役会の決議でよい（会459①一）。この授権を受けて、会社は取得するごとに詳細を定め（会157）、株主に通知、または公開会社では公告する（会158）。これにより不公正な取引や、会社支配権をめぐる疑義も回避できる。会社は株主からの申込みに応じてその株式を取得する。ただし、申込総数が取得予定の株数を超えた場合は、株主の公平を維持するため、按分で取得する（会159②）。

　これに対し、②特定の株主を対象とする場合、株主総会での決議は特別決議が必要である。この株主総会では売り主となる株主は議決権を行使することができない（会160）。また、他の株主には、自分を売主に加えるよう会社に請求する権利（売主追加請求権）がある。これにより株主間の公平が担保されるほか、不公正な取引や、会社支配権をめぐる疑義も回避できる。ただし、市場価格があるなど一定の要件を満たした株式の場合は、売主追加請求権はない。また、定款で売主追加請求権を排除することも可能である（会164①）。

　また、③市場取引または公開買付により取得する場合には、株主総会の決議だけで取得可能であるほか、定款により剰余金の分配を取締役会の権限としている会社、またはあらかじめ定款に取締役会の決議により自己株式を取得することを定めている会社では、取締役会の決議で取得が可能である（会

165)。株主は投下資本回収の機会を得ているためである。

　なお、④子会社からの取得では、取締役会設置会社では取締役会の決議のみで可能である（会163）。

(4)　自己株式取得の財源規制

　会社債権者を保護するため、自己株式の取得には財源規制がある。すなわち、自己株式は分配可能額の範囲で取得することができる（会461）。つまり、株主に対する剰余金の分配ができる範囲で、自己株式を取得することを認めるものである。

　なお、単元未満株式の買取りなど、財源規制は適用されない取得がある。

② 自己株式の保有

　会社は取得した自己株式を無期限に保有することができる。ここから、自己株式を金庫株ともいう。保有期間中、会社は自己株式につき議決権を有しない（会308②）。自己株式に対して、剰余金の配当をすることはできない（会453）。新株を引き受ける権利の割当もできない（会186、202、241、278）。しかし、株式併合（例えば2株を1株にするように、数個の株式を、より小さい数の株式にまとめること）、株式分割（例えば1株を2株にするように、株式を細分化して、一定割合にて一律に株式の数を増加させること）は受けることができる（会182、184）。

③ 自己株式の処分

　会社は保有する自己株式をどのように使うことができるのか。

　会社は保有する自己株式を新たな株主に移転させることができる。これを自己株式の処分という。自己株式を処分する場合は、新株発行の規律が適用される。

　また、新株予約権の行使があったとき、単元未満株式の買い増し請求を受けたときなどの場合に、新株を発行せず、自己株式を交付することができる。

④ 自己株式の消却

　自己株式は保有してもよいが、消滅させることもできる。これを自己株式

の消却という。株式を消却するには、消却する株式の数、種類株式の場合には種類と数を取締役会決議で定める（会178）。

　自己株式を取得しても発行済株式総数は変動しないが、株式を消却すると発行済株式総数は減少する。消却した株式はもはや処分することはできなくなる。しかし、発行済株式総数が減少した分、未発行株式数が増加することから、会社は改めて株式を発行することができると解される。

第4章　経営の仕組み

　株式会社は、所有と経営が分離していることを前提として、会社経営の仕組み（ガバナンス）を設けている。会社の所有者である株主は、株主総会で会社として重要な意思決定を行い、株主総会で選任された取締役は、経営者として会社の経営を担うのが基本である。

　しかし、会社の規模、株主構成などにより、会社に必要とされるガバナンスは異なる。株式会社のガバナンスは複雑にみえるが、実は、明快でもある。最初のポイントは法定の委員会を設置するか、つぎのポイントは取締役会を設置するか、最後のポイントはどのような機関を設置しなければならないのか・設置できるのか、である。これを理解すれば、各機関に必要な職務がみえてくる。

　本章では、株式会社のガバナンスについてみることとしよう。

1．3種類の経営の仕組み

　株式会社は所有と経営が分離している会社である。このため、会社の所有者は、経営者を選任し、経営を委託する。しかし、経営者を選任しただけでは、株主の権利は守れないかもしれないし、第三者に不測の損害を与えることにもなりかねない。このため、経営者を監督することも必要となる。

　ここでは、まず、会社経営の全体像と機関をみて、3種類の経営の仕組みを比較しよう。

1　会社経営の全体像

　株式会社は、少額ずつであっても多数の投資家が出資することにより、多額の資金を用意し、大きなビジネスを展開することができる仕組みである。

このため、出資者である株主は多数になることが想定されるうえ、投資家は自分の仕事を持っていて時間的余裕がなく、また、それだけの多額の資金を活用したビジネスの経験も少ないことから、株主が自ら経営に携わることは難しい。そこで、株主は、会社の経営を委ねることができる経営者を選ぶこととなる。また、この経営者が株主全体の利益を守りつつ経営にあたっているか、株主は監視する必要があるが、自ら監視することが難しい場合には、経営者を監視する者を選び、監視を委ねることとなる。

　このように、会社には、①株主が経営者の選任など重要事項を自ら決定するための会議体、②会社の経営者、③経営者を監視する者、などが必要となる。まずは、この全体像を概観しておこう。

② 機関

⑴ 機関の必要性

　「会社が決めた」「会社が行った」というが、この「会社」とは誰なのか。会社は法人であるから、会社が自ら意思を決定したり、行為したりすることはできない。そこで、法が定める一定の自然人や会議体が決定した意思を「会社の意思」とし、一定の自然人の行為を「会社の行為」とすることが必要となる。この一定の自然人や会議体を「機関」という。会社経営の仕組みを理解するにあたり、常に、この場面で「会社」とは、具体的にどの機関のことなのか、を考えてほしい。

⑵ 機関設計

　会社法は、さまざまな機関を法定しているが、①定款に定めを置き、必ず設置しなければならない機関、②一部の会社では定款に定めを置き必ず設置しなければならず、それ以外の会社は任意で定款で定めを置くことで設置できる機関、③会社が任意で定款に定めを置き設置できる機関、がある。このように定めたのは、会社の規模、株主構成などにより、その必要性が異なるためである。会社に設置する機関の組み合わせを「機関設計」という。各機関については、後に詳述するが、ここでは機関設計におけるポイントを指摘しておく。

①すべての会社に設置される「株主総会・取締役」

　機関のなかで、すべての会社に設置しなければならないのは、株主総会と取締役である（会326①）。経営者の選任や定款変更など、会社の基本的な意思決定は、出資者である株主の権利であり、この意思決定を行う会議体として、株主総会が必要である。また、この株主総会で決定した事項を、株主たちが実行し、常時監督することはできないから、これらの役割を担う取締役が必要となる。

②「取締役会」の設置の有無による違い

　3名以上の取締役全員により構成される会議体を取締役会という。取締役会が設置されているか否かにより、機関設計、株主総会の権限などが大きく変わる。

　公開会社、監査役会設置会社、監査等委員会設置会社、指名委員会等設置会社は取締役会を置かなければならない（会327①）。それ以外の会社でも任意に設置することができる。

　なかでも、ポイントとなるのは公開会社での設置義務である。公開会社とは、全部または一部の株式の譲渡に会社の承認が不要な会社である（会2五）。ファミリーなど親しい株主により株式を所有されている非公開会社では、株主と取締役の距離が近く、株主が直接、取締役を監督することができる。しかし、公開会社では、株主は自由に株式を譲渡でき、株主と取締役には距離がある。このため、株主が選任する取締役により取締役会を構成し、株主に代わって、経営に関する意思決定や経営者の監督を行う必要がある。

③「大会社」に該当するか

　大会社とは、最終事業年度の貸借対照表上の資本金の額が5億円以上、または負債総額が200億円以上の株式会社をいう（会2六）。

　大会社は、より厳しい監督がなされる。大会社では、会計監査人と監査役を設置しなければならない（会328、327③）。また、公開会社である大会社では、監査役会も設置しなければならない（なお、監査等委員会設置会社・指名委員会等設置会社には、大会社に該当しなくても、会計監査人を設置しなければならない（会327⑤）。これらの会社には監査役を設置することはできない（会327④）ため監査役会も設置できない（会328①）が、監査等委員会・監査委員会が設置される）。

③　経営の仕組み

⑴　従来型の会社

　第一の経営の仕組みとして、「監査役を設置することができる会社」がある。監査役を設置している会社のほか、監査役を設置していなくても、設置しようとすれば、監査役を設置することができる会社も含まれる。第二、第三の仕組みと比較して、古くから設けられている仕組みのため「従来型の会社」ともいう。

　株主総会と1名以上の取締役を置く会社が、最もシンプルな従来型の会社となる。自分ひとりで出資する会社の場合、自分ひとりだけが株主となり、株主総会を構成することができる。また、株主が取締役となることは認められているから、株主総会で自分を取締役に選任することができる。本来、株式会社とは、所有と経営が分離されていることを前提としているが、起業時に、株主1名の会社を設立し、その株主が取締役となることも多い。多くの会社は、この従来型の経営の仕組みを採用している。

　なお、本章では、この従来型の会社を基礎として、経営の仕組みを説明する。

⑵　指名委員会等設置会社

　会社に、取締役から構成される指名委員会、監査委員会、報酬委員会と、執行役を設置する会社をいう（会2十二）。各委員会の委員の過半数は、社外から選任された社外取締役である。また、従来型の会社では業務執行は取締役が担うが、指名委員会等設置会社では執行役が担い、取締役は業務執行の監督を行う。このことから、「執行と監督の分離」が特徴であり、モニタリングシステムを採用している会社といわれる。指名委員会等設置会社を採用しているのは、ごく少数の会社であるが、日本の代表的企業が多い。

　指名委員会等設置会社に特徴的な規律については、第5章1. を参照されたい。

(3)　監査等委員会設置会社

　会社に、監査役を設置する代わりに、監査等委員会を設置する会社をいう（会２十一の二）。監査等委員は過半数が社外取締役である。監査役は取締役会の議決権を有しないが、監査等委員は取締役として取締役会の議決権を有する。監査等委員会設置会社を採用しているのは、主に証券取引所に上場している会社である。

　監査等委員会設置会社に特徴的な規律については、第５章２．を参照されたい。

2．出資者による経営への参加

　株式会社は、出資し、所有者である株主によって共同事業を行う法人である。このため、株式会社の経営は、本来、株主が行うべきである。もっとも、株式会社は多数の株主により出資されることを想定しているから、これら多数の株主が直接経営することはできない。そこで、株主は基本的な枠組みと、その枠組みのなかで経営する経営者を選ぶこととなる。これらを決定するのが、株主総会である。

　ここでは、この株主総会についてみることにしよう。

１　株主総会とは

　株主総会とは、株主が会社の基本的意思決定を行う会議体である。

　会社法は株主総会について厳格な規律を設けているが、これはなぜなのか。株主総会が株主による懇親会であれば、厳格な規律は不要である。しかし、株主総会は会社の意思決定機関であり、決議には法的拘束力がある。株主が、知らない間に少数の者により株主総会としての意思決定がされていたり、必要な情報を与えられずに判断したり、また、株主総会の運営が恣意的であってはならない。このため、株主総会の招集、議事、議決などについて厳格なルールを定め、これに違反した場合の取扱いを定めることでルールの実効性も担保しているのである。

2　株主総会の権限

　株主総会の権限は、会社に取締役会が設置されているか、否かにより異なる。取締役会が設置されていない場合は、株主総会はすべての事項を決議することができる万能の機関と位置付けられる（会295①）。これに対し、取締役会が設置されている会社では、法令または定款により株主総会の決議事項とされている事項に限り、決議することができる（会295②）。

　公開会社には、取締役会の設置が義務付けられている（会327①一）。このため、取締役会が設置されていない会社は、すべての株式が譲渡制限されている非公開会社である。このような会社では、株主は少数であることが多く、また、株主と経営者である取締役は個人的信頼関係が醸成されていることが多い。つまり、株主は経営者の経営を直接監督し、意見できる関係にあるといえる。このような会社には、株主に代わって意思決定及び監督を行う取締役会は不要であり、そのために株主総会がすべての事項について株主の意見を集約し、経営に反映させることとなる。そこで、株主総会はすべての事項を決定することができる万能の機関とされる。

　これに対し、公開会社では、株式の自由な譲渡を前提とし、経営者は株主の個性を問わない、つまり、株主は誰でもよいと考える。このような会社では、株主と経営者である取締役との関係は希薄であると考えられ、株主は、株主総会で選任した取締役に経営と監督を委ねることとなる。このため、株主総会は法令・定款で株主総会の決議事項とされている事項に限り、意思決定するものとし、このほかに決定すべき事項については、すべて取締役会に委ねているのである。

　取締役会設置会社で法令により株主総会の決議事項とされている事項は、つぎの通りである。

取締役会設置会社で法令により株主総会の決議事項とされる事項
① 役員の選任・解任―経営者である取締役など、役員の選任・解任。
② 会社の基礎となる事項―定款変更、合併などの決定。
③ 株主の利益に関わる事項―剰余金の配当、会社による株式の強制取得など。
④ 株主と取締役との利益が相反する事項―取締役報酬など。

　なお、定款である事項につき、株主総会の決議事項と定めると、株主総会で決定することが求められる。

③　株主総会の招集手続

　株主総会は、株主による意思決定のための会議であるが、株主が自由に開催できるものではなく、会社のほか、一定の株主のみが開催することができる。この開催のための手続を、招集手続という。議決権を行使できる株主全員が同意したときは、招集手続は不要である（会300）。招集手続に瑕疵があるときは、株主総会決議の取消原因となる。しかし、株主全員が出席すれば、招集手続がなくとも、株主総会は適法に成立する（全員出席総会）。

(1)　開催時期

　株主総会は、いつ開催するのか。

　株主総会には、事業年度終了後の一定の時期に開催される定時株主総会と、必要に応じて開催される臨時株主総会がある（会296）。

　株主総会で議決権を行使できる株主を確定するために基準日を設けたときは、基準日から3か月以内に開催しなければならない（会124②）。

(2)　会社による招集

　会社が招集するときは、取締役が招集を決定し、招集する。取締役会設置会社では、取締役会により招集を決定し、代表取締役が業務執行として招集する（会298、299）。

　招集を決定する際には、①開催の日時、場所、②株主総会の目的事項、③書面投票・電子投票を認めるときはその旨、④その他法務省令で定める事項、を定めなければならない。

(3)　少数株主による招集

　つぎの株主が、株主総会の招集を求めるときは、まず、取締役に株主総会の招集を請求し、取締役が招集手続を行わないときは、裁判所の許可を得て招集することができる（会297）。

> 株主総会を招集することができる少数株主
> ①公開会社
> 　6か月前から引き続き総株主の議決権の3%以上を有している株主
> ②公開会社でない会社
> 　総株主の議決権の3%以上を有している株主
> 注.　期間と割合は定款で引き下げることができる。

⑷　招集通知

　株主に株主総会への出席機会と準備期間を与えるため、一定の期日までに、議決権ある株主に対して招集通知を発しなければならない（会299）。この通知は、取締役会設置会社、及び議決権を書面投票または電子投票によって行使できる会社では、書面にてしなければならない。但し、株主の承諾を得て電磁的方法により通知することもできる。

> 招集通知
> ①公開会社である取締役会設置会社、書面投票・電子投票を採用する会社
> 　株主総会日の2週間前までに、計算書類・事業報告、設置されている会社では監査報告・会計監査報告を提供して招集を通知する。
> ②公開会社でない取締役会設置会社
> 　株主総会日の1週間前までに、計算書類・事業報告、設置されている会社では監査報告・会計監査報告を提供して招集を通知する。
> ③公開会社でない取締役会非設置の会社
> 　株主総会の1週間前まで（定款で定めることにより短縮できる）に招集を通知する。
>
> なお、書面投票・電子投票を採用する場合と、株主数が1,000名以上の場合は、株主総会参考書類、議決権行使書面・電磁的手段も交付しなければならない（会301、302）。

　令和元年改正により、株主総会参考書類等（計算書類・事業報告、設置されている会社では監査報告・会計監査報告、株主総会参考書類、議決権行使書面）の電子提供制度が設けられており、令和5年の施行が見こまれている（会325の2から325

の7)。

　電子提供制度とは、株主総会参考書類等を自社のウェブサイト等に掲載し、その URL を書面にて株主に通知することにより、株主総会参考書類等を提供したものとする制度である。電子提供は、株主総会日の3週間前、または招集通知を行った日のいずれか早い日に開始し、株主総会日後3か月を経過する日までである。電子公告と異なり、調査制度は設けられていない。

　この電子提供制度は、振替株式を発行する会社（上場会社）には強制される（振替法 159 の 2①）ほか、それ以外の会社でも任意に採用できる。電子提供制度を採用する場合には、定款の定めを要するが、施行時の上場会社については定款変更決議がなされたものとみなされる。

　なお、株主は、書面による株主総会参考書類等の交付を請求することができる。この場合、会社は1年を経過したときに、書面交付を終了すること、1か月以上の期間を定めて異議を述べることを求める催告を行い、異議がなければ書面による交付を終了することができる。

４ 株主総会の目的事項

　株主総会の目的事項としては、株主への報告を行う報告事項と、株主による決議を行う決議事項がある。

　この決議事項は、株主総会に提出される議題に関する議案を審議するものである。株主総会は、株主による意思決定を行う会議体であるが、誰が、議題を定め、議案を提出するのだろうか。

(1) 会社による提案

　会社は、議題（例えば、取締役選任の件）を定め、議案（例えば、A 氏を取締役に選任する件）を株主総会に提出することができる。取締役会設置会社では、法令及び定款で株主総会の決議事項とされている事項に限られる。

　会社が提出する場合に、その内容を決定し提出するのは取締役である。取締役会設置会社では、取締役会の決議で定める。

⑵　株主による提案

　議決権を有する株主も、株主総会に議題を提出することができる（会303）。

　公開会社である取締役会設置会社では、6か月前から総株主の議決権の1％以上、もしくは300個以上（いずれも定款により引き下げることができる）の議決権を有する少数株主に限られる。公開会社でない取締役会設置会社では、保有期間の制限はない。株主総会の日の8週間前まで（定款で短縮することができる）に請求する。提出する議題は、法令及び定款で株主総会の決議事項とされている事項に限られ、かつ、提出する株主が議決権を行使できる事項でなければならない。

　また、これらの株主は議案の要領を株主に通知するよう求めることができる（会305）。しかし、その議案が法令及び定款に違反するとき、または、実質的に同一の議案について10分の1以上の賛成を得られなかった株主総会から3年を経ていないときは認められない。また、近時、この議案要領通知請求権の濫用が見受けられるため、1回の株主総会での議案要領通知を請求できる数を10個に制限することとした。但し、役員等の選任・解任については、役員等の数にかかわらず、1個の議案とみなされるなどの特例がある。

⑤　議決権

　株主総会では、議案に対し、株主が賛否を明らかにする。これを議決権という。

⑴　議決権の個数

　株主総会は多数決により決定するが、株主1人に1個の議決権による多数決ではなく、原則として、1株につき1個の議決権が与えられる資本多数決による（会308）。例外として、単元株制度を採用している場合があり、1単元につき1個の議決権となる。したがって、単元株制度を採用している会社では、1単元未満の株式を有する株主には議決権はない。

　ところで、創業者など一部の株主のみ、1株に複数の議決権を認め、決議への影響力を高めようとするニーズも存在する。我が国の会社法では、直接、複数議決権を認める規定は置かれていない。しかし、種類株主ごとに、異な

る単元株数を設定すれば、実質的に複数議決権を導入することができる。

⑵　議決権が認められない場合

つぎの株式は議決権を行使することができない。

なお、取締役会と異なり、特別利害関係にある株主も、議決権の行使は認められ、その株主による議決権行使により著しく不当な決議があった場合には決議取消事由となる（会831①三）。

①無議決権株式

無議決権株式で議決権が行使できない事項には議決権はない（会108①三）。

②自己株式

会社が保有する自己株式には、議決権はない（会308②）。

③相互保有株式

ある会社（A社）が、当社（B社）の総議決権の4分の1以上を保有するなど、経営を実質的に支配することが可能な関係にあるものとして法務省令（会規67）で定める場合には、当社（B社）がA社の株式を保有していても、その保有しているA社株式に議決権はない（会308①）。

④自己株式取得の相手方

株主総会で、自己株式を特定の株主から取得することを決議する場合、その特定の株主は議決権を行使することができない（会160④）。

⑶　基準日

株式が譲渡されていくなかで、株主総会で議決権を行使できる株主はどのように定めるのか。会社は、株主総会で議決権を行使することができる株主を確定するため、基準日を定めることができる（会124）。この基準日に、株主名簿に記載されている議決権ある株主が対象となる。したがって、原則として、基準日以降にこの株主となった者はその株主総会では議決権を行使できないし、基準日にこの株主であれば、株主総会当日に株主でない者でも議決権を行使することができる。なお、基準日後に発行された株式に、会社が議決権を与えることは認められる。

⑷　共有株式の議決権行使

　相続などにより、株式が複数人により共有されていることがある。この場合、議決権を行使するには、共有者より一名の権利行使者を定め、会社に通知しなければならない（会106）。

　共有者が一致して一名の権利行使者を定めることができない場合、会社の同意を得て少なくとも管理行為については、持分による多数決により権利行使をすることができる（最一判平成27年2月19日民集69巻1号25頁）。

⑸　議決権の行使方法

　議決権は、株主が株主総会に出席して行使するのが原則である。このほか、代理人により議決権を行使することができるほか、書面投票、電子投票が可能な場合がある。

①代理人による出席

　株主は、株主総会ごとに委任状を会社に提出し、代理人が株主総会に出席し、議決権を行使することができる（会310）。この委任状は、株主総会日から3か月間、本店に備え置き、株主は閲覧・謄写ができる。但し、一定の拒絶理由に該当する場合は、会社は閲覧・謄写を拒絶することができる。

　しかし、非公開会社で知らない株主による経営参加を防ぐために、株式の譲渡制限をしているのにかかわらず、自由に代理人が株主総会に出席できるとするのは整合性がない。このため、会社で定款により「代理人は株主に限る」など代理人の資格を限定することができる（最二判昭和43・11・1民集22巻12号2402頁）。

　なお、会社提案の議案への賛成を促すため、会社が委任状を勧誘することがある。

②書面投票

　会社は、会社が株主に送付する議決権行使書面により、事前に株主が議決権を行使することを認めることができる（会298①三）。議決権のある株主が1,000名以上の場合には、書面投票の採用が義務付けられる（会298②）。

　この議決権行使書面についても、委任状と同様の備置、閲覧・謄写の制度がある。

③電子投票

会社は、会社が定めた議決権行使のための専用のウェブサイトを用いて、事前に株主が議決権を行使することを認めることができる（会298①四）。議決権行使書面にウェブサイトへの QR コードを印刷し、書面投票に代えて電子投票を行うことができるようにしている会社もある。

なお、株主が事前の投票を行ったにもかかわらず、株主本人が株主総会に出席したときは、その出席による議決権行使が優先される。また、書面投票と電子投票が重複したとき、電子投票が複数回行われたときは、いずれを採用するかは招集通知時に会社が定めることができる。最後の電子投票を優先すると定めることが一般的である。

(6)　議決権の不統一行使

株主は、議案ごとに保有する議決権を賛成または反対として行使する。複数の議決権を持っている場合も同じである。しかし、信託銀行など、実質的に他人のために株式を保有している株主は、その実質的な保有者の指示により、議決権を行使することがある。このため、ある者は賛成、別の者は反対、ということがあり得る。このような場合、その株主は保有する議決権の全部を賛成または反対として議決権を行使するのではなく、受けた指示通り、一部を賛成、一部を反対、として議決権を行使する。この行使を、議決権の不統一行使という。

このように議決権の不統一行使に合理的な必要性がある場合、会社はこれを認める。しかし、合理的な必要性がない場合には、会社は拒絶することができる。このため、取締役会設置会社では、議決権の不統一行使をしようとする株主は、株主総会の3日前までに、会社に不統一行使をする旨、及びその理由を通知しなければならない（会313）。

6　株主総会での議事・決議

(1)　議長

株主総会は、議長就任による開会宣言で始まり、報告事項、決議事項の審議を終え、閉会宣言で終結する。

　議長は、議事運営に関する権限を有しており（会315）、株主総会での発言は議長の指名により認められる。議長の指名がないのに発言したり、株主総会の秩序を乱したりした者に対しては、議長は退場を命ずることができる。議長の退場命令に従わない者は刑法の不退去罪（刑130）に問われる可能性がある。

　議長は、定款で定められていることが一般的だが、株主総会の決議で議長を選任することもできる。少数株主が招集した株主総会では、定款の定めとは別に、議長を定めることができると解されている。

⑵　取締役の説明義務

　株主総会では、株主は質問したり意見を述べたりすることができる。取締役・会計参与・監査役・執行役は、株主総会に出席し、株主の質問に対して説明する義務を負う（会314）。この義務違反は、株主総会決議の瑕疵を生じさせる。

　しかし、その質問が株主総会の目的事項に関係がない場合、説明することにより株主共同の利益を害する場合、その他正当な理由がある場合として法務省令で定める場合には、説明を拒絶できる。説明のために調査を必要とするときも説明を拒絶できるが、株主が株主総会日より相当の期間前に質問事項を通知した場合、または、調査が容易な場合は調査の必要性を理由として拒絶できない。

　なお、定時株主総会が会計監査人の出席を求める決議をしたときは、会計監査人も出席し意見を述べなければならない（会398②）。

⑶　決議方法

　株主総会での決議は、ひとり一票ではなく、所有する株式数に応じた議決権による資本多数決により行われる。

①普通決議

　会社法で定められた事項を除き、議案は普通決議で採決する。審議と採決のための最低限の出席数（定足数）として、議決権を行使することができる議決権の過半数を有する株主の出席が必要であり、決議要件として、この出席

株主の議決権の過半数で決定する（会 309 ①）。

　この定足数は、定款で軽減または排除することができる。しかし、役員の選任・解任の決議、公開会社における支配株主の異動を伴う募集株式発行等の決議については、定足数は議決権を有する株主の議決権の 3 分の 1 までしか引き下げることはできない（会 341、206 の 2 ⑤）。

②**特別決議**

　合併や定款変更など会社法で定められた重要事項については、議案は特別決議で採決する。定足数は、議決権を有する株主の議決権の過半数であり、決議要件として、この出席株主の議決権の 3 分の 2 以上の多数で決定する（会 309 ②）。

　この定足数の割合は定款で 3 分の 1 まで引き下げることができる。また、決議要件の割合は定款で引き上げることもできる。定款で一定数の株主の賛成を要件とすることもできる。

③**特殊決議**

　さらに、設立後に定款を変更して譲渡制限の定めを設ける場合は、特殊決議として、定足数を議決権を行使できる株主の半数以上、決議要件として、株主の議決権の 3 分の 2 以上が必要である（会 309 ③）。定足数、決議要件ともに、定款で引き上げることができる。

　また、みなし種類株式に関する定款の変更をする場合（廃止を除く）、定足数を総株主の半数以上、決議要件として、総株主の議決権の 4 分の 3 以上が必要である。定足数、決議要件ともに、定款で引き上げることができる（会 309 ④）。

⑷　**議決権行使結果の開示**

　上場会社等は、株主総会での議決権行使結果を臨時報告書により開示しなければならない（開示府令 19 ②）。書面投票・電子投票については有効な投票数が把握できるが、株主総会に出席した株主については拍手による採決を行うことが多く、賛否を問う投票をしない限り、その賛否の数は把握できないため、明確に把握している数のみを開示している。

⑸　書面による株主総会の決議

　株主総会を開催せずに、書面にて報告・決議を行うことも可能である（会319、320）。報告事項については、株主全員に報告事項を通知し株主全員が同意した場合に株主総会の省略が可能である。また、決議事項については議決権を行使することができる株主全員が議案に同意した場合には、その議案を可決した株主総会決議があったものとみなすこととしている。

⑹　オンラインのみによる株主総会の決議

　会社法では、株主総会を招集するには、開催する場所を定めなければならない。これは、株主が質問し、説明を聴く機会を確保するためとされている。このため、インターネットを用いた株主総会については、会場を設けたうえで株主にオンラインで出席してもらう、または株主総会をオンラインで株主に視聴してもらうしかなかった。

　そこで、令和3年に、産業競争力強化法に会社法の特例として、場所の定めのない株主総会に関する規定を設けた。上場会社は、通信の方法に関する事務などの要件を満たしていることについて、経済産業大臣及び法務大臣の確認を受けた場合に限り、株主総会を「場所の定めのない株主総会」とすることを定款に定め、オンラインのみによる株主総会の開催が可能となった（産競66）。なお、新型コロナウイルス感染症拡大防止のため、施行後2年間は大臣の確認を受けた場合には、定款に定めがあるものとみなすことができるとしている。

⑺　総会検査役・調査者
[1]　総会検査役

　株主総会の議決権争奪が生じているときなど、株主総会で混乱が生じるおそれがある場合、その株主総会の招集手続及び決議方法の公正を調査し、決議の成否についての証拠を保全する制度として、総会検査役がある（会306）。

　総会検査役は、株主総会の開催前に、申立により裁判所が選任する。選任の申立ができる者は、会社または総株主の1%以上（定款で引き下げることができる）の議決権を保有している少数株主（公開会社では6か月保有要件がある）で

ある。

　検査役は調査の結果を裁判所に報告し、瑕疵があれば、裁判所は再び株主総会の招集を命じ瑕疵を治癒させる。また、調査の結果を株主に通知させることもできる（会307）。

[2] 調査者

　株主総会は決議により、①取締役・会計参与・監査役・監査役会・会計監査人が提出・提供した資料を調査する者、②株主により招集された株主総会においては、会社の業務及び財産の状況を調査する者を、選任することができる（会316）。

[7] 株主総会決議の瑕疵

　これまで株主総会に関する規律をみてきたが、これらの規律に違反した場合、本来、その決議は違法な決議であり、一般原則から、その決議の効力をそのまま認めることはできないはずである。しかし、株主総会の決議は、会社・株主・役員など多数の利害関係者に影響を与えるものであり、一般原則によって処理することは法的安定性の観点から妥当とはいえない。そこで、株主総会の決議に瑕疵がある場合には、その法律関係を画一的に確定すること、また、軽微な瑕疵の主張を制限することが望ましい。そこで、会社法は、株主総会決議の取消の訴え・無効の訴え・不存在の訴えを規定している。

(1) 株主総会決議の取消の訴え

　つぎの決議取消事由が生じたときは、株主総会決議取消の訴えとしてのみ、その効力を争うことができる（会831）。

・決議取消事由
①招集手続または決議方法の法令・定款違反または著しい不公正
　例えば、会社法に定める招集期間を不足しているときは、招集手続の法令違反となる。
　また、一般的にみて、株主が出席することが困難な時間や場所での開催は、招集手続の著しい不公正にあたる。
②決議内容の定款違反

③特別利害関係人が議決権を行使したことにより著しく不公正な決議がなされたとき

また、決議取消の訴えをするには、以下の制約がある。

・専属管轄
この訴えは、会社の本店所在地を管轄する裁判所に行う。
・出訴期間の制限
出訴期間は、株主総会の日から3ヶ月以内に制限される。
・原告適格
株主・取締役・監査役・清算人に限られる。なお、被告は会社である。

　この訴えは形成の訴えである。取消を認める判決が確定すると、株主総会の決議の時に遡及して取り消される。つまり、取り消されるまでは効力があるものとされる。このため、出訴期間制限を経過すると、その効力を争うことはできず、もはや取り消されることはない。これは、決議取消事由が、内容の法令違反と異なり、会社内部の規律または株主総会の運営規律の違反であり、利害関係者が速やかに異議を述べない限り、効力を否定する必要よりも、決議の法的安定性を重視したものである。
　なお、株主総会に決議取消事由が生じていても、取消事由が招集手続または決議方法の法令・定款違反という手続上の瑕疵の場合に、裁判所は、その違反する事実が重大ではなく、かつ、決議の結果に影響を及ぼさないと認めるときは、取消の請求を棄却することができる。これを裁量棄却という。しかし、招集期間が法定の期間に2日満たない事案で、違反する事実が重大であるとして裁量棄却を認めなかった（最一判昭和46・3・18民集25巻2号183頁）。株主の利益を害しておらず、問題にすることがむしろ権利濫用となるようなケースに限り、瑕疵が軽微であるとして、裁量棄却の対象となると考えたほうがよい。

(2)　株主総会決議無効の訴え
　株主総会の議案が法令に違反している場合は、その決議は無効である。し

たがって、いつでも誰でも無効を主張することができる。しかし、会社を被告として決議の無効を争う訴訟で、会社の敗訴が確定した場合には、その決議の無効を原告のみに適用することは混乱を招くことから、判決の効果については相対効ではなく、第三者に対しても無効となる対世効（絶対効）とする必要がある。このため、会社法は株主総会決議無効の訴え（会830②）を定めている。

　なお、吸収合併等の無効の訴えについては、出訴期間の制限を受ける。また、株主総会決議無効の訴えは確認訴訟である。新株発行に関する株主総会決議の無効については、新株発行後は、新株発行無効の訴えによらなければ主張することはできず、確認の利益を欠くとされる。

(3) 株主総会決議不存在の訴え

　株主総会を開催していないのに、さも開催したかのように株主総会の議事録を作成するなど、そもそも株主総会の決議がない場合については、その決議は効力を生じない。これについても、いつでも誰でも決議の不存在を主張することができる。この場合も、会社を被告として決議の不存在を争う訴訟で、会社の敗訴が確定した場合には、その決議の不存在を原告のみに適用することは混乱を招くことから、判決の効果については対世効とする必要がある。このため、会社法は株主総会決議不存在確認の訴え（会830①）を定めている。

(4) 取消事由であるのに決議無効の訴えを提起した場合

　決議取消訴訟には、決議が取り消されるか否か不安定な期間を限定するために、出訴期間制限が設けられている。そこで、原告が、Aという取消事由で取消訴訟を提起し、出訴期間を超えた後に、別のBという取消事由を主張することは認められないとされる（最二判昭和51・12・24民集30巻11号1076頁）。

　では、株主総会の決議に取消事由が生じているが、決議取消の訴えの出訴期間内ながらも、原告が決議無効の訴えを提起した場合、後になって原告は決議取消の主張をすることができるだろうか。これは、決議取消の訴えの出訴期間制限を経過したあとに、原告が決議取消を主張した場合に、この主張

は出訴期間を経過したものとされるのかが問題となる。

　これについて最高裁は、「決議無効原因として主張された瑕疵が決議取消原因に該当しており、しかも、決議取消訴訟の原告適格、出訴期間等の要件を満たしているときは、たとえ決議取消の主張が出訴期間制限後になされたとしても、なお、決議無効確認訴訟提起時から提起されていたものと同様に扱うのを相当とし、本件決議取消訴訟は出訴期間遵守の点において欠けることはない」と判示した（最二判昭和 54・11・16 民集 33 巻 7 号 709 頁）。これは、取消事由の追加ではなく、同一の取消事由の主張である点から、法的安定性を確保するための出訴期間制限の趣旨に反するものではないためである。

3．経営者による業務執行

　株式会社の経営は、株主総会で選任される取締役が担う。なかでも、株式会社を代表して裁判上・裁判外の行為を行うのが取締役から選定される代表取締役である。会社のトップを社長、CEO などというが、これらは会社の組織上での役職である。社長は 1 名であって、指名委員会等設置会社を除き、一般的には、社長は代表取締役である。しかし、代表取締役を複数選定することも可能である。ここでは、取締役についてみることにしよう。

1　取締役

　株式会社は、所有と経営が分離されているのが特色である。所有者である株主は、株主総会において会社の基本的な意思決定を行う。しかし、株主総会は多数の株主から構成される合議体であるから、決定したことを実行することができない。このため、すべての会社には、実行するための経営者を置く必要がある。この経営者を、会社法は取締役という。取締役は株式会社の経営を株主から預かっており、経営方針を決定し、その業務の執行を監督する。

(1)　取締役の選任・終任
[1]　選任
　取締役は株主総会の普通決議により選任される（会329）。取締役が欠けた
場合及び会社法・定款で定めた員数を欠いた場合に備え、補欠の取締役を選
任することができる。取締役の選任議案は、候補者ごとに決議する。議決権
行使書面には、「(候補者番号を記入する) を除く」という欄が用意されている。
しかし、上場会社の株主総会当日には、既に書面投票で可決が見こまれてい
るため、すべての候補者を一括して拍手で採決することが多い。
　なお、取締役の選任では、各株主には選任する取締役数と同数の議決権を
認め、各株主は各候補者に分散して投票することも、ひとりに集中して投票
することができる累積投票制度がある（会342）。この場合には、最多数を得
た候補者から、順次取締役に選任される。株主より5日前までに会社に請求
があった場合には、この累積投票の方法により選任する。もっとも、定款で
累積投票を排除することができる。
[2]　取締役の資格
　取締役は、自然人でなければならない。したがって、法人は取締役にはな
れない。このほか、取締役になることができない者が定められている（会
331）。なお、令和元年改正で、成年被後見人・被保佐人も取締役に就任する
ことが可能となった。
[3]　取締役の数
　取締役の数に上限はない。取締役会設置会社では、3名以上の取締役を選
任しなければならない（会331⑤）。もっとも、定款で取締役の数の上限・下限
を定めることはできる。
[4]　取締役の任期
　取締役の任期は、原則として、選任後2年以内に終了する事業年度のうち
最終の事業年度に関する定時株主総会の終結の時までである（会332）。例外
として、①監査等委員会設置会社・指名委員会等設置会社を除き、非公開会
社では定款の定めにより選任後10年以内に終了する事業年度のうち最終の
事業年度に関する定時株主総会の終結の時まで伸長することができる、②監
査等委員会設置会社で監査等委員でない取締役、指名委員会等設置会社の取

締役は、「2 年」を「1 年」とする、③定款により剰余金の配当等の決定権限を取締役会とした場合は、「2 年」を「1 年」とする。また、監査等委員会設置会社で監査等委員である取締役の任期は 2 年であるが、定款や株主総会決議で短縮することができない。

[5]　取締役の終任

この任期が満了すると、取締役は退任する。しかし、改めて株主総会で選任することができる。任期が満了したのにもかかわらず、株主総会で選任することを忘れるなど、後任となる者が就任しない場合は、その就任まで前任者が引き続き取締役の権利を有し義務を負う（会 346）。

また、取締役は会社の経営を委ねられたものであり、会社との関係は委任の規定に従う（会 330）。このため、取締役はいつでも辞任できるほか、死亡、破産の場合も終任事由となる。

さらに、株主総会は決議により取締役を解任することができる（会 339）。一般には普通決議によるが、累積投票で選任された取締役の解任、監査等委員である取締役の解任は特別決議による。正当な理由なく解任したときは、会社は損害賠償をしなければならない。

また、取締役の職務執行に関し不正の行為があったとき、もしくは法令・定款に違反する重大な事実があったときは、解任決議が否決されたときでも、6 か月前から総株主の議決権の 3％以上または発行済株式の 3％以上を有していた少数株主は、30 日以内に裁判所に取締役解任の訴えをすることができる（会 854）。

なお、取締役選任決議の不存在・無効の訴え、または取締役解任の訴えが提起されても、その提起だけでは、取締役の地位に影響を与えない。このため、その者が職務を執行すれば、会社に回復できない損害が生じるときは、裁判所に対し仮処分の申立により、取締役の職務執行を停止し、さらに職務代行者の選任も可能である（民保 23②、24、56、会 352）。

⑵　取締役の職務

取締役の職務は、取締役会を設置しない会社と、取締役会を設置する会社で異なる。以下、取締役会を設置しない会社の取締役の職務を説明する。

　取締役は会社の業務を決定する。取締役が2名以上選任されている場合は、過半数で業務を決定する。また、取締役は会社の業務を執行するが、定款で別段の定めをすることは認められる（会348）。

　各取締役は、単独で会社を代表する。もっとも、会社が任意につぎの代表取締役を定めた場合は、その者が会社を代表する（会349①）。

② 代表取締役

　代表取締役とは、会社を代表して、一切の裁判上及び裁判外の行為をすることができる取締役である（会349④）。株主総会や取締役会で決定された業務を執行するほか、取締役会から委任された範囲で、自ら決定して業務を執行する。これにより、例えば、代表取締役が取引先と締結した契約の効果は会社に帰属し、会社が権利を得て義務を負うこととなる。

　取締役会設置会社では必ず代表取締役を取締役会において取締役から選定しなければならないが（会362③）、取締役会を設置していない会社では、必ずしも選定する必要はない。選定する場合は、取締役の互選または株主総会の決議により、取締役から選定する（会349③）。

　このように、代表取締役の地位は、取締役であることが前提となっており、取締役を退任すれば、代表取締役も退任する。しかし、代表取締役を辞任・解職することができるが、代表取締役を退任しても取締役にとどまることもできる。なお、代表取締役を辞任しても、後任者が就任するまでは、なお代表取締役の権利を有し、義務を負う（会351①）。

　この代表取締役の権限は包括的なものであり、例え、会社が代表権に制限を加えても、善意の第三者には対抗できない（会349⑤）。つまり、その事情を知らない第三者には、「ある案件につき代表取締役は代表権を持たず、契約には効力がない」と主張することはできない。もし、代表取締役が自身の利益のために行為したときでも、客観的にみてその行為が会社の業務に属する限りは、相手方が悪意でない限り、会社に効果（責任）が帰属することを否定できない。

　では、代表取締役として選定していないにもかかわらず、社長、CEOなど会社を代表する権限を有するかのような社内での地位を持つ者が取引先と契

約をした場合、その契約の効力は否定されるのだろうか。代表取締役である
と相手方に誤認させる地位を名乗ることを認めておいて、後に、代表取締役
でないとして取引の効果を否定することが認められると、常に相手方は代表
取締役かどうかを調査しなければならず、取引の迅速性・安全性を害するこ
ととなる。そこで、このような社内での地位を有する者を表見代表取締役と
し、その者の行為については、善意の第三者に対して会社が責任を負うこと
とされている（会 354）。

4．取締役会の役割とは

　株式会社は多数の者により出資され、取締役を選び事業の経営を委ね、株
主は事業からのリターンを得る共同事業体である。本来、株主は会社の意思
を決定し、取締役の経営を監督する。しかし、一方で、株主が所有する株式
は自由譲渡性があり、株主はいつでも株式を売却して投下資金を回収するこ
とができる。自由に株式を譲渡できる会社の多くの株主は、株式を投資とし
て保有している。このような株主は、経営者とは親しくなく、距離がある場
合がほとんどである。このため、株主に取締役の職務執行を監督することを
期待するのは難しいといえる。そこで会社法は、株式を自由に譲渡できる会
社などでは、株主が取締役を選任し、取締役は取締役会という合議体を形成
し、株主に代わって会社の意思決定をし、個々の取締役の職務執行を監督さ
せることとしたのである。
　なお、取締役会設置会社では、取締役は取締役会の構成員である。代表取
締役・業務執行取締役でない取締役は、取締役として業務執行の権限を持た
ない。ただ、会社により、取締役が部長・支店長など使用人（会社の従業員）と
しての職務を担うことはある。
　ここでは、取締役会についてみることにしよう。

1　取締役会の設置義務

　取締役会は定款の定めにより設置され、つぎの株式会社には、取締役会を
設置する義務がある（会 327①）。

①公開会社
②監査役会設置会社
③監査等委員会設置会社
④指名委員会等設置会社
　このほか、会社は定款で定めることにより、取締役会を設置することがで
きる。

② 取締役会の職務

　取締役会はすべての取締役で組織する合議体であり、つぎの職務を行う
（会362）。

[1] 会社の業務執行の決定

　法令・定款で株主総会の決議事項とされている事項を除き、取締役会は会
社の業務執行に関するすべての事項について決定する。取締役会は、原則と
してこの決定を代表取締役などの取締役に委ねることはできるが、会社法で
定める一定事項及び重要な事項は取締役会で決定しなければならない。

　つぎの事項は、会社法が取締役会で必ず決定しなければならない事項とされ
ている。
　①重要な財産の処分及び譲受け
　②多額の借財
　③支配人その他重要な使用人の選任及び解任
　④支店その他の重要な組織の設置、変更及び廃止
　⑤社債の募集
　⑥取締役の職務の執行が法令及び定款に適合することを確保するための体
　　制その他株式会社の業務ならびに当該株式会社及びその子会社から成る
　　企業集団の業務の適正を確保するために必要なものとして法務省令で定
　　める体制の整備（会社法における内部統制システム）
　⑦定款の規定に基づく取締役等の責任の一部免除

---

　①重要な財産の処分及び譲受けと、②多額の借財に関して、「重要な」「多
額の」という不確定な表現が用いられている。これは、大企業から中小零細
企業まで株式会社の財政状態は千差万別であり、確定的な数値を法定できな

いためである。会社は、自社の財政状態・経営成績に照らし、取締役会規則により取締役会への付議基準を設けている。この付議基準について、実務的には、重要な財産の処分の該当性が問われた事案（最一判平成6年1月20日民集48巻1号1頁）を参考に、総資産額の1％をひとつの目安にしている。なお、この事項に関しては、特別取締役（会373）による決議が認められている。

　同様に、③支配人その他重要な使用人の選任及び解任と、④支店その他の重要な組織の設置、変更及び廃止に関しても「重要な」という不確定な表現が用いられている。これも自社の実情に照らし、付議基準を設けている。

　⑥会社法における内部統制システムの整備については、大会社では必ず決定しなければならない。

　なお、このほかにも、譲渡制限株式の承認など、取締役会が決定しなければならない事項がある。

[2] 業務執行の監督

　取締役会は会社の業務執行を決定し、この決定を執行するのが代表取締役・業務執行取締役である。法令遵守の観点を含め、この意思決定過程の妥当であるか、及び業務執行が取締役会の決定に従っているかを監督する必要がある。そこで、取締役会は、これらの取締役の職務執行を監督する。

　この監督のため、代表取締役・業務執行取締役は、3か月に1回以上、職務執行の状況を取締役会に報告しなければならない（会363②）。

　この監督の実効性は、取締役会が代表取締役の解職権を有していることにより担保されている。

[3] 代表取締役の選定・解職

　取締役会設置会社では、取締役会で決定された業務執行を執行するため、必ず代表取締役を選定しなければならない。また、取締役会は代表取締役の解職権を有する。

③　社外取締役による監督

　取締役会の監督機能をより強化するため、監査役会設置会社（公開会社である大会社に限る）で金融商品取引法上の有価証券報告書提出会社は社外取締役を1名以上選任しなければならない（会327の2）。

　我が国では、取締役は社内の使用人から選任されることが多い。社内出身の取締役は、長年、自社の事業に携わっており、自社の事業には詳しく、自社の経営者として適している。しかし、会社の持続的な成長と中長期的な企業価値の向上には、現状分析、最適な経営資源配分、適切なリスク評価が必要である。このため、社外の視点を持つ社外取締役の選任が求められる。

　社外取締役には、法定の要件がある（会2十五）。

社外取締役要件の概要

①当該会社・その子会社で現在及び就任前10年の間に業務執行取締役・執行役・支配人その他の使用人ではないこと。

②就任前10年の間に当該会社・その子会社の取締役・会計参与・監査役であったことがある者は、当該取締役・会計参与・監査役の就任前10年間に当該会社・その子会社の業務執行取締役・執行役・支配人その他の使用人ではなかったこと。

③当該会社の親会社等（自然人に限る）または親会社等の取締役・執行役・支配人その他の使用人ではないこと。

④当該会社の親会社等の子会社等（当該会社及びその子会社を除く）の業務執行取締役等でないこと。

⑤当該会社の取締役・執行役・支配人その他の重要な使用人または親会社等（自然人に限る）の配偶者・二親等内の親族でないこと。

　会社法上、社外取締役の要件には、会社との取引関係の不存在については求められていない。しかし、証券取引所に上場している会社では、コーポレートガバナンス・コードにより、取引関係の不存在も要件とした独立役員の確保を求めている。

　社外取締役は業務執行を行わない。業務執行をしたときには、社外取締役の要件を欠くことになる。しかし、会社と取締役との利益相反が発生する状況、その他取締役・執行役が業務執行を行うことにより株主の利益を損なうおそれがあるときにおいては、社外取締役に業務の執行を委ねる必要が生じることがある。そこで、令和元年改正で、この状況のもとでは、社外取締役に業務執行の委託ができるよう整備された（会348の2）。この場合、社外取締役は、業務執行取締役の指揮命令を受けることなく、独立して業務執行を担

う。このため、監督を受けることなく社外取締役が継続して業務執行を行うことのないよう、委託の都度、取締役会決議が必要とされている。

4　取締役会の会議

(1)　取締役会の招集

　取締役会は合議体であり、招集されて会議が開催される。取締役会には、取締役と監査役が出席する。招集手続は、原則として招集権者が取締役・監査役に対し、取締役会の日の1週間前までに（定款で短縮することはできる）、日時と場所を示して招集を通知する（会368）。株主総会の招集手続と異なり、議題を通知する必要はない。この招集は、取締役会の都度必要なものではなく、例えば、年度内に開催する取締役会の日時と場所を定め、取締役・監査役全員の同意を得ていればよい。

　取締役会の招集権者は定款で定められていることが多いが、本来、取締役会の招集権は個々の取締役にある（会366）。これは、取締役会が監督機関でもあるため、監督の実効性を担保するために必要なためである。このため、定款で定められている取締役以外の者が招集を求めるときは、法定の手続に従い招集することができる。また、取締役に不正行為のおそれがあるとき、法令・定款違反の事実があるとき、著しく不当な事実があると認めるときは、監査役も法定の手続に従い招集することができる（会383）。このほか、監査役設置会社・監査等委員会設置会社・指名委員会等設置会社以外の会社では、監督権は株主にあるため、株主も取締役会の招集を求めることができる（会367）。

(2)　取締役会の決議

　株主総会は資本多数決で決議が行われるが、取締役会では、取締役の所有している株式数にかかわらず、例え株式の所有がなくとも、取締役ごとに1議決権を有する。他人に委任して議決権を行使することは認められない。また、決議の公正を担保するため、決議について特別の利害関係を有する取締役は、議決に加わることはできない。判例は、代表取締役の解任決議にあたり、その代表取締役が議決に加わることは認めない（最二判昭和44・3・28民集

23巻3号645頁）。但し、取締役全員に利害がある事項については、取締役全員により議決することができる。

　決議は、議決に加わることができる取締役の過半数が出席し、出席取締役の過半数で決定する。定款で要件を加重できるが、軽減することはできない（会369）。

　取締役会をテレビ会議、書面による会議でも実施することができる。テレビ会議の場合は、取締役が議事に参加し、発言が可能でなければならず、同時双方向通信で行う必要がある。書面による会議の場合は、定款に定めを置き、議決に加わることができる取締役全員が書面または電磁的記録により議案に賛成する意思表示をしたときに、監査役が異議を述べた場合を除き、その議案を可決した取締役会決議があったものとみなされる（会370）。報告事項についても、取締役・監査役の全員に通知した場合は、取締役会での報告を省略することができる（会372）。但し、代表取締役・業務執行取締役の3か月に1回以上の業務執行の報告は省略することはできない。なお、1人株主の会社では、会社法が取締役会決議を要求している場合でも、不要と解されている（最一判昭和45・8・20民集24巻9号1305頁）。

⑶　特別取締役による取締役会決議

　取締役会で決議すべき事項のうち、重要な財産の処分及び譲受、多額の借財については、迅速な意思決定を優先し、あらかじめ取締役から定めた3人以上の特別取締役による決議により、取締役会の決議とすることを認める（会373）。

　対象となる会社は、1人以上の社外取締役が選任されており、取締役の数が6人以上の会社である。なお、社外取締役が特別取締役である必要はない。特別取締役から互選により定めた者は、決議後、特別取締役でない取締役に決議内容を報告しなければならない。

　過去には取締役の数も多く、また、国際的な企業では取締役が各地に点在し、帰国するにも相当の時間を要することから、国内にいる取締役を特別取締役として定め、迅速な決議を行うに有効な制度であった。しかし、現在では、執行役員制度の導入により取締役の数が減少し、また、インターネット

が発達し、セキュリティの高いウェブによるテレビ会議も容易に行えることから、特別取締役による取締役会決議の必要性は低くなっている。

(4)　取締役会の議事録

　取締役会の議事については、その議事の経過の要領と結果を記載した議事録を作成し、出席した取締役・監査役は署名・記名押印しなければならない（会369③④）。この議事録は、10年間本店に備え置き、つぎの閲覧・謄写の対象となる（会371）。

> ①権利を行使するために必要がある株主は、裁判所の許可を得て閲覧・謄写できる。監査役設置会社・監査等委員会設置会社・指名委員会等設置会社以外の会社では、裁判所の許可は不要である。
> ②役員の責任追及に必要な会社債権者は、裁判所の許可を得て閲覧・謄写できる。
> ③権利を行使するため必要な親会社社員（親会社の株主等）は、裁判所の許可を得て閲覧・謄写できる。

　なお、決議に反対した取締役は、議事録に異議をとどめておかないと決議に賛成したと推定され（会369⑤）、責任追及時に不利益を受ける可能性がある。もっとも、この異議をとどめることで反対者の理由が明らかとなるから、賛成した取締役の判断の妥当性はさらに問われることになろう。

5　取締役会決議の瑕疵

　株主総会の決議の瑕疵には、決議取消の訴え、決議無効の訴え、決議不存在の訴えが会社法上用意されているが、取締役会の決議の瑕疵については、これらの用意がない。このため、取締役会決議に瑕疵が生じた場合は一般原則に従い無効である。

　このため、取締役会決議に基づいて行われた取引の有効性が問題となる。取引には相手方が存在するので、取締役会決議が無効であるからといって、それに基づいた善意の第三者との取引を無効とすると、取引の安全を損なうこととなる。もっとも、判例は、相手方が事情を知っている、もしくは知り

うべきときは取引を無効とする（最三判40・9・22民集19巻6号1656頁）。

5. 経営者の義務とは

　株主は、株主総会で選任した経営者である取締役に、会社の経営を委託している。このため、経営を引き受けた取締役は、会社に対して経営者としての義務を負うこととなる。義務には責任が伴うが、取締役としては、経営を受託するにあたり、義務の範囲をできるだけ明確にしてもらわないと、どこまで責任を取ることとなるのか予測ができず、リスクを恐れて萎縮し、効果的な経営ができなくなる。ここでは、会社法が取締役の義務をどのように定めているのかをみることにしよう。

1 善管注意義務・忠実義務

(1) 善管注意義務
　会社と取締役との法律関係は民法の委任の規定に従う（会330）。民法上、受任者には委任者に対して善良なる管理者としての注意義務(善管注意義務)が生じる(民644)。したがって、受任者である取締役はその職務執行にあたり、委任者である会社に対して善管注意義務を負う。
　この善管注意義務について、求められる水準は、その会社の取締役として通常期待される程度と考えられる。銀行の取締役に期待される注意義務の水準は、一般の会社の取締役よりも高度とする判例もある（最二判平成20・1・28判時1997号148頁）。

(2) 忠実義務
　また、会社法は、取締役に対し、法令・定款と株主総会の決議を遵守し、会社のために忠実にその職務を遂行する義務(忠実義務)を求めている(会355)。

(3) 善管注意義務と忠実義務との関係
　この善管注意義務と忠実義務との関係について、最高裁は民法が定める善管注意義務を敷衍し、かつ一層明確にしたにとどまり、通常の委任関係に伴

う善管注意義務とは別個の高度な義務を規定したものではないと解している（最大判昭和45・6・24民集24巻6号625頁）。

　民法の委任契約の規定は、他の契約に関する規定と同じように、契約自由の原則のもと、任意規定である。このため契約当事者間で民法と異なる契約内容を定めることができる。したがって、善管注意義務の範囲や内容を制限することも可能である。しかし、会社と取締役との契約では、会社側は業務執行を行う取締役が契約締結を担うことになる。つまり、実質的には、取締役が、取締役の善管注意義務を軽減する契約を締結することができてしまう。これに対し、取締役の善管注意義務違反により損害を受けるのは会社であるが、会社の財産の減少を招くから、実質的には会社の所有者である株主の損失である。このように考えると、取締役の善管注意義務を軽減する契約は、株主の利益を損なう行為であるから、総株主の同意がないと締結できないはずである。そこで、会社法は、善管注意義務とは別に、強行規定として、忠実義務を定めたものと理解することができる。

　これに対し、学界では、忠実義務を会社の利益を犠牲にして自己または第三者の利益を追及してはならない義務と解し、善管注意義務と忠実義務は別個の内容であるとの見解も有力に主張されている。もっとも、判例の立場からは、この義務も善管注意義務に含まれると解している。

　なお、本来、善管注意義務と忠実義務では、①善管注意義務違反では過失を問うが、忠実義務違反では無過失責任である、②善管注意義務違反では違反により損害を受けた者の賠償であるが、忠実義務違反では違反者が得た利益の返還である、という点で差異が生じると指摘されており、検討課題ではある。

②　経営判断の原則

　どのような事業にもリスクがあり、経営者は総合的な判断からリスクを選別し、一定のリスクを許容して企業経営に携わる。取締役が誠実にかつ合理的に判断し経営に携わったが、会社が業績不振に陥った際に、結果から評価して善管注意義務違反として取締役の責任を追及することとなると、取締役の引き受け手はいなくなり、また、取締役となった者も萎縮し、リスクに対

して過度に慎重となってしまう。これは、結果として、企業の成長を妨げ、株主の利益を損なうこととなる。そこで、裁判所は取締役の経営判断には事後的に介入しないという経営判断の原則が認められている。

　この経営判断の原則は、アメリカのビジネス・ジャジメント・ルール（Business judgment rule）を参考としている。もっとも、アメリカのビジネス・ジャジメント・ルールでは、会社と取締役の間に利害対立のないこと、および取締役の意思決定に不合理がないことを審査し、判断内容の合理性には一切踏み込まない。裁判所の審査を排除する法理である。これに対して、我が国の経営判断の原則では、その適用に、①問題となる行為が経営上の専門的判断にゆだねられた事項であること、②意思決定の過程に著しい不合理性がないこと、③意思決定の内容に著しい不合理性がないこと、が要求される（最一判平成 22・7・15 判時 2091 号 90 頁）。経営判断の過程だけでなく、判断内容の合理性についても踏み込むものであり、取締役の善管注意義務違反の有無に関する判断基準である。

③　監視義務

　取締役には、代表取締役、他の取締役に対する監視義務がある。取締役会を設置しない会社では、取締役相互にその職務執行が法令・定款を遵守し、妥当な意思決定がなされ、適正な業務執行がなされていることを監視する義務が課せられている。また、取締役会設置会社では、取締役は取締役会を通して、その職務執行が法令・定款を遵守し、また、取締役会での意思決定の過程及び内容の妥当性を監視し、代表取締役の業務執行を監督する。この義務違反は、善管注意義務違反となる。

④　内部統制システム構築義務

　取締役（取締役会設置会社では取締役会）は、会社の業種・業態・規模・経営環境を踏まえ、その必要性に応じて、内部統制システムを構築しなければならない。取締役の善管注意義務の一内容であるが、会社法において大会社には会社法上の内部統制システムの決定が求められている。決定しなければならない内部統制システムの項目は法務省令で定められているが、情報管理体

制、リスク管理体制、取締役の職務執行の効率化を確保する体制、法令遵守体制、業務の適正確保の体制、監査役の監査体制である（会規100）。

この決定内容に基づき、代表取締役は内部統制システムを構築し、運用しなければならない。他の取締役は、代表取締役が内部統制システムを構築し運用しているか監視しなければならない。

では、どこまでの内部統制システムの構築・運用が求められるのか。会社によりその必要な内部統制システムは異なり、構築すべき水準も経営判断の原則の問題となる。従業員による架空売上が行われ、代表取締役の内部統制システム構築義務違反が問われた事例では、①代表取締役が、通常想定される架空売上の計上等の不正行為を防止し得る程度の管理体制を整えていた、②代表取締役に不正行為の発生を予見すべきであったという特別の事情がない、③リスク管理体制が機能していた、として内部統制システム構築義務違反を認めなかった（最一判平成21・7・9判時2055号147頁）。

なお、金融商品取引法では「会社に係る財務計算に関する書類その他の情報の適正性を確保するために必要な体制」（金商24の4の4）が求められており、こちらも内部統制システムと表現していることに注意が必要である。

⑤　競業避止義務

⑴　競業避止義務とは

会社法は善管注意義務の一形態として、取締役の競業避止義務を定める。取締役は、会社の事業に関して情報や営業上の機会に接する。取締役が自己・第三者の利益のために、会社の事業の部類に属する取引をすることは、この情報や営業上の機会を利用し、会社の利益を害するおそれが高い。例えば、会社が行っている事業と同種の事業を同じ地域で取締役が事業を行う場合や、会社が進出予定の地域で取締役が先回りして進出して、会社が予定している事業を開始し会社の進出機会を奪う場合などがあげられる。そこで、会社法は、取締役の競業取引に予防的・形式的に規制を加えており、競業を行おうとするときは、重要な事実を開示して、取締役会・取締役会を設置していない会社では株主総会の事前の承認を得なければならない（会356①一）。この重要な事実とは、競業取引が会社に及ぼす影響を判断するのに必要な事

実である。

　競業取引の事前承認が必要となる取締役は、代表取締役・業務執行取締役に限られず、すべての取締役であり、社外取締役も含まれる。しかし、競業会社が完全親会社・完全子会社の場合には、利害対立のおそれがないので、事前承認は不要である。また、取締役が競業をせず個人的に取引をした場合（例として、会社が取得を計画した資産を取締役が保有するために買い付ける場合）は、競業行為がないので事前承認は不要である。ただ、この行為により会社の利益を損なった場合は、善管注意義務・忠実義務の違反の問題は残る。なお、総株主の同意がない限り、事後承認は認められないと解される。

(2) 競業取引の報告義務

　取締役会設置会社では、競業取引を行った取締役は、事前の承認の有無を問わず、遅滞なく取引における重要な事実を取締役会に報告しなければならない（会365②）。

(3) 競業取引をした取締役の責任

　取締役が事前の承認を得ずに競業取引を行った場合、その取締役は会社に対し損害賠償責任を負う。この場合、その取締役または第三者が得た利益の額を会社に生じた損害額と推定し、損害賠償を請求することができる（会423②）。これに対し、事前の承認を得た場合は、競業取引により会社が損害を受けても当然に損害賠償責任は生じないが、競業行為につき取締役に任務懈怠がある場合は損害賠償責任が生じる。

6 利益相反取引

(1) 利益相反取引とは

　会社と取締役との取引については、会社の業務執行を行うのは取締役であるから、実質的には取締役による取締役との取引となる。例えば、会社が遊休地を取締役に売却する取引を行う場合を考えてみよう。土地には定価がない。そこで、本来であれば売却する会社はできるだけ高く売りたいはずであるのに、購入するのが取締役であるから、取締役の希望価格での取引をする

可能性もある。結果として、会社は適正価格より安く売却し、本来得られるはずの代金を受け取れないこととなる。このように、取締役が自己または第三者のために会社と取引する場合（直接取引という）には、その取締役が会社を代表するときはもちろんのこと、他の取締役が会社を代表する場合であっても、取締役に有利な取引を行うことにより、会社の利益を害する可能性がある。

　そこで、会社法は、このように会社と取締役の利益が相反する取引を利益相反取引として規制している。取締役が利益相反取引を行う場合には、その取引について重要な事実を開示して、取締役会（取締役会を設置していない会社では株主総会）の事前の承認を得なければならない（会356①二）。この承認を受けた場合は、その取引には自己取引・双方代理の禁止（民108）は適用されない（会356②）。つまり、その取引は有効となる。

　また、会社と第三者との取引であっても、会社が取締役のために取引をする場合、直接取引と同じように、会社の業務執行をする取締役が、取締役のために第三者と取引をすることとなる。例えば、取締役が銀行から資金を借り入れるのに際して、会社が銀行に対して借入金を保証する場合である。取締役に財産がなく借入金を返済できなければ、会社が取締役に代わって弁済することとなる。取締役に対して求償権は得るものの、取締役は財産がないのだから会社には弁済できない。結果として、取締役の借入金を肩代わりした分、会社は損失を被ることとなる。このように、会社が取締役のために第三者と取引をする場合（間接取引という）も、直接取引と同様に、会社の利益を害する可能性がある。そこで、間接取引でも、その取引について重要な事実を開示して、取締役会（取締役会を設置していない会社では株主総会）の事前の承認を得なければならない（会356①三）。この承認を受けた場合は、直接取引と同様に、その取引には自己取引・双方代理の禁止（民108）は適用されない（会356②）。

　なお、会社と取締役の取引、取締役のための会社と第三者との取引のすべてが利益相反取引規制の対象となるのではない。これらの利益相反取引規制の対象となる取引は、その性質上、取締役の裁量により行われ、会社の利益を害する取引に限られると解される。例えば、約款に基づき他の取引先と同

条件による取引は、取締役の恣意的裁量が加わらないため、利益相反取引の対象とはならない。また、会社が取締役から無担保・無利息で資金を借り入れる場合は、会社に損害が生じる可能性がないため、利益相反取引の対象とはならない。

(2)　利益相反取引の報告義務

　取締役会設置会社では、利益相反取引を行った取締役は、遅滞なく取引における重要な事実を取締役会に報告しなければならない（会365②）。

(3)　利益相反規制違反取引の効力

　事前の承認なく利益相反取引を行った場合の取引の効力について、会社法は明文で定めていない。民法108条の適用が除外されないので無効と解することとなる。会社の追認は可能である。

　しかし、会社が取締役会の承認なく取締役に対し約束手形を振り出し、その約束手形が善意の第三者（その約束手形が利益相反取引により振り出されたことを知らない第三者）に裏書譲渡された場合に、会社は取締役会の承認がないことを理由として約束手形の無効を主張できるとすると、善意の第三者が不測の損害を被ることとなり、これは約束手形の円滑な流通を阻害することとなる。この問題に対し、最高裁は、会社から取締役に対し約束手形を振り出す行為を利益相反取引としての取引に該当するとしたうえで、会社が取締役に振り出した約束手形は、取締役に対しては無効を主張できるものの、裏書譲渡された第三者に対しては、その手形の振出につき取締役会の承認がなかったことのほか、その手形は会社から取締役に対して振り出されたものであること、かつ、その振出につき取締役会の承認がなかったことについてその第三者が悪意であること（知っていたこと）を主張、立証しなければ、会社はその第三者に対して手形の無効を主張することはできない、とする相対的無効説を採った（最大判昭和46・10・13民集25巻7号900頁）。このように、事前の承認のない利益相反取引については無効ではあるものの、善意の相手方に対しては対抗できないと解されている。なお、この事例では、裁判官から、悪意に、重過失を含むとの補足意見があり、そのように解するのが一般的である。

なお、会社の利益を保護するための規定であるから、取締役側から無効を主張することは許されない。

(4)　利益相反取引を行った取締役の責任

　この利益相反取引により、会社に損害が生じた場合は、事前の承認の有無にかかわらず、①直接取引の相手方である取締役、または第三者のために取引をした取締役、②会社を代表し当該取引を決定した取締役、③当該取引に関する取締役会の承認決議に賛成した取締役は、任務懈怠と推定し、会社に対して損害賠償責任を負う。この責任は過失責任であるが、直接取引の相手方である取締役は無過失責任（過失がないことを立証しても責任を免れない）となる（会428）。

6．取締役に対して与えられるインセンティブ

　株主は経営理念を達成するために利潤の最大化を図る。このために会社に最適な経営者である取締役を迎え入れ、経営を委託する。したがって、取締役は経営のプロフェッショナルであり、最適な経営者を得るには、会社は適切な報酬を支払わなければならない。また、取締役が会社の成長に必要なリスクテイクできるよう、取締役の賠償責任を経済的に軽減する会社補償・役員等賠償責任保険の締結も必要である。これらは会社の負担であり、それは実質的には株主の負担となる。そこで、株主の利益を守るため、会社法は、取締役報酬・会社補償・役員等賠償責任保険の締結に規律を設けている。

1　取締役に対する報酬規制

　取締役に報酬を支払うことは、会社の業務執行のひとつである。しかし、会社が報酬を支払う分、会社の利益は減少する。これは、株主に帰属する利益が減少することとなる。このため、取締役の自由裁量により報酬を決定できるとなると、株主の利益を損なうおそれがある。そこで、株主の利益を保護するため、取締役を任用するにあたり、報酬の決定にも株主総会に関与させている。ここでは、報酬に関する規律をみる。

(1)　報酬規制の必要性

　会社と取締役との法律関係は委任であるが、民法の委任契約に関する規定では受任者は無報酬とされている。しかし、契約自由の原則のもと、この規定は任意規定であり、契約の当事者間で自由に報酬の有無を決定することができる。会社の取締役は、利益を追求するために株主より経営を委託された者であり、当然に報酬の支払いがあることを前提としているものと解される。

　取締役は、株主総会で選任され、会社との間で取締役就任に関する契約（取締役任用契約）をするから、取締役に対する報酬の金額の決定は、会社が行う。この会社の報酬の金額の決定は、業務執行にあたるから、決定するのは取締役である。そうすると、取締役が会社を代表し、取締役の報酬を決定することとなる。しかし、取締役への報酬の支払いをする分、株主に帰属する利益が減少することとなる。このため、自己が受ける報酬を取締役が自由に決めることができるとなると、お手盛りにより株主の利益を損なう危険がある。

　そこで、株主の利益を保護するため、会社法は、取締役に対する報酬に規律を設けているのである。

(2)　報酬規制の内容

　取締役に対する報酬については、定款の定めまたは株主総会の決議により定めなければならない（会361①）。

定款の定めまたは株主総会の決議により定める内容
①確定金額による報酬
　その金額
②不確定金額による報酬
　その具体的な算定方法
③株式による報酬
　募集株式の数の上限その他法務省令（会規98の2）で定める事項
④新株予約権による報酬
　募集新株予約権の数の上限その他法務省令（会規98の3）で定める事項
⑤株式・新株予約権の払い込みにあてるための金銭
　取締役が引き受ける募集株式の数・募集新株予約権の数の上限その他法務省令（会規98の4）で定める事項

---

⑥株式・新株予約権以外の金銭でない報酬
　その具体的な内容

　取締役の報酬に関する定款の定めもしくは株主総会の決議がないときは、取締役は具体的な報酬請求権を得ることができない。しかし、定款の定め・株主総会の決議なく取締役に報酬を支払った場合でも、事後に株主総会の決議を得ると、その支払いは有効となる。また、取締役に対する報酬規制は、株主の利益を保護するものであり、株主全員の同意があれば、定款の定め・株主総会の決議なく支払われても、その支払いは有効である（東京地判平成25・8・5金判1437号54頁）。

　報酬を定め、または改定する議案を株主総会に提出した取締役は、その株主総会において、その事項を相当とする理由を説明しなければならない（会361④）。

　また、監査等委員会設置会社で報酬を定めるときは、監査等委員でない取締役と、監査等委員である取締役に区分して決定しなければならない（会361②）。監査等委員である取締役ごとの報酬につき、定款の定めまたは株主総会の決議がないときは、その区分して定められた報酬の範囲内で監査等委員の協議で決定する（会361③）。

　なお、指名委員会等設置会社では、取締役に対する報酬は、報酬委員会で決定する（会404③）。近時、指名委員会等設置会社でない会社でも、任意に報酬委員会を設置することがあるが、この場合は、取締役会が報酬委員会に報酬額を諮問し答申を得る仕組みであり、決定権限は諮問した取締役会にある。

(3)　具体的な報酬
[1]　基本報酬
　会社は取締役に対し、毎月、一定の報酬を支払うのが一般的である。「①確定金額による報酬」にあたる。定款の定めまたは株主総会の決議で定めるにあたっては、取締役ごとに支給する金額を定めてもよいし、取締役に対する報酬の支給総額を定めてもよい。総額を定めるときは、事業年度ごとまたは月額の上限額を定めてもよい。この理由は、取締役への報酬規制は、取締役

のお手盛りを防ぎ、株主の利益を保護するためであるから、取締役報酬の上限額を定めることで、株主に帰属する利益の減少分を確定することができるためである。上限額を株主総会の決議で定めた場合は、その上限額を変更するまで、株主総会の決議は有効であり、毎年決議をする必要はない。

　定款の定めまたは株主総会決議により取締役報酬の支給総額・その上限額を定め、各取締役への個別報酬は決定していない場合、取締役会設置会社では取締役会にて、取締役会を設置していない会社では取締役の協議にて、各取締役の個別報酬を決定する。取締役会が、代表取締役に決定を委任することも認められる。取締役の個別報酬を定める取締役会の決議について、取締役全員に利害が共通することから、取締役は特別利害関係人にはあたらない。

[2] 賞与

　いわゆるボーナスである。平成17年改正前商法までは賞与は利益処分として支払われていたが、会社法のもとでは、職務執行の対価である限り報酬規制を受ける。賞与は一定の時期に支給するため、ある月だけ支給金額が増加する。このため、「①確定金額による報酬」として設計する場合、実務的には、取締役報酬総額の上限額を定めるときには、月額の上限額を定めるのではなく、事業年度内の上限額を定めておき、その上限額の範囲で支給することが多い。

[3] 退職慰労金

　取締役の退任時に支給する一時金を退職慰労金という。退職慰労金は、後払いの役員としての職務執行の対価という性質であるとされている。したがって、職務執行の対価である限り、報酬規制を受けるが、一時金であるから、取締役報酬総額に含めず、別個の議案として株主総会に提出されることが多い。

　しかし、一事業年度中に退任する取締役は少人数のため、支給金額を総額で表記しようとしても、各取締役に支給される退職慰労金の金額が明らかになってしまう。このため、退職慰労金の支給議案は、支給の時期・方法・支給金額は会社の内規による基準に従い取締役会に一任する、とされることが多い。この一任決議による支給決定が無効として争われた事例につき、最高裁は「金額等に関する一定の枠が決定されたものというべき」として取締役

会への一任決議を有効と認めた（最二判昭和39・12・11民集18巻10号2143頁）。

　この退職慰労金の支給金額は、在職年数、個別報酬の額、役職ごとに定めた役位係数を用いて計算し、さらに功労金を加算して決定することが多い。このため、会社の業績に比例するものではないため、近時は、この取締役に対する退職慰労金を廃止し、業績連動型の報酬としている会社も多い。

[4] 株式報酬

　取締役に報酬として株式を支給するものを株式報酬という。株式の現物を報酬として支給する場合、「③株式による報酬」にあたる。また、募集株式の払込みに充てるための金銭については、「⑤株式・新株予約権の払い込みにあてるための金銭」にあたる。

　株式報酬については、従来より、さまざまな制度設計がなされてきたが、近時活用されているのはリストリクテッド・ストックである。

　一般的なリストリクテッド・ストックは、役員の将来の職務執行対価として、一定期間における譲渡等を制限した株式を交付するインセンティブ報酬として設計される。譲渡制限が解除されたときに、当該役員は交付された株式を売却することができるようになり、その時点での株式の時価が経済的利益となるフルバリュー型である。また、譲渡制限が付された株式を交付された時点で、株主となり、議決権の行使が可能で、配当も受領することができる。したがって、リストリクテッド・ストックでのインセンティブとは、直接的には会社の業績に連動するインセンティブではなく、株価に連動するインセンティブである。なお、リストリクテッド・ストックを支給するのと同様の経済的効果を得る金銭報酬を、ファントム・ストックという。

　このほか、株式報酬には、事前交付型パフォーマンス・シェア、事後交付型パフォーマンス・シェアなどがある。

　このリストリクテッド・ストックやパフォーマンス・シェアによる株式報酬を支給する場合は、報酬規制に加えて、新株発行規制も関わる。従来の実務は、取締役に対し金銭による報酬債権を支給し、その報酬債権を現物出資することにより、新株の発行または自己株式を処分する現物出資構成を採っていた。しかし、令和元年改正により、上場会社では、募集株式の払込または現物出資財産の給付を要さずに、金銭でない報酬として新株の発行または

自己株式の処分が可能となった（会 202 の 2 ①）。

[5] ストック・オプション

　取締役にインセンティブ報酬として新株予約権を交付するものをストック・オプションという。新株予約権の現物を報酬として支給する場合、「④新株予約権による報酬」にあたる。また、新株予約権の払込みに充てるための金銭については、「⑤株式・新株予約権の払い込みにあてるための金銭」にあたる。

　新株予約権は、あらかじめ、行使期間と払込金額を定めておき、その行使期間中に払い込むことで新株を取得する。行使期間中に株価が上昇した場合でも、あらかじめ定めていた払込金額を行使すれば新株を取得できる。ストック・オプションは、その株式を市場で時価により売却することにより得る値上がり益が経済的利益となる。会社の業績向上により自社株価が上昇するとの関係から、業績連動型の報酬として活用された。権利行使期間を、役員退任日から 10 日間程度とすることにより、実質的に役員退任時のみ報酬として受け取ることができるように設計することもできる。役員退任時の株価が在任期間中の役員の職務執行の成果と対応しているものとすれば、役員在任期間を対象とした長期インセンティブ報酬となる仕組みである。

　なお、企業会計上は、ストック・オプションの付与について費用計上が義務付けられている（企業会計基準第 8 号・企業会計基準適用指針第 11 号）。

　また、ストック・オプションの代替手段として株価に連動する報酬制度を S.A.R（Stock Appreciation Right）という。

⑷　報酬額の減額問題

　会社が業績悪化などを理由に、取締役の報酬を減額することは可能だろうか。

　取締役の報酬が定められると、それは会社と取締役との任用契約の一部となる。このため、取締役の同意を得なければ、会社は一方的に取締役の報酬を減額することはできないとされる（最二判昭和 31・10・5 集民 23 号 409 頁）。

　また、オーナーである代表取締役と対立し、任期中に専務取締役から非常勤の取締役となり、株主総会にて無報酬と決議された事例で、最高裁は、取

締役の報酬額が具体的に定められた場合には、当該取締役の同意がない限り、無報酬とすることはできないと判示している（最二判平成4・12・18民集46巻9号3006頁）。これに対し、役職が取締役の報酬額の決定基準となっており、役職の変更に連動して取締役の報酬が減額されることが、取締役にとり予測可能であり、取締役就任時に黙示の同意がある場合には、減額が可能と述べた裁判例がある（事案としては、要件を満たさないとして報酬請求を容認している、福岡高判平成16・12・21判タ1194号271頁）。

⑸　取締役の個人別報酬等の決定方針

　取締役の報酬等の決定手続の透明性を確保するため、大会社公開会社である監査役会設置会社で有価証券報告書提出会社と監査等委員会設置会社では、定款の定めまたは株主総会決議により各取締役への個人別報酬を決定していない場合は、その決定に関する方針を定めなければならない（会361⑦）。なお、監査等委員会設置会社では、決定方針を定める対象には監査等委員である取締役は含まれない。

⑹　取締役報酬の開示

　公開会社では、取締役を含む役員の報酬等について事業報告で開示しなければならない（会規121）。この開示には、確定金銭報酬の額のほか、不確定金銭報酬に関する事項、株式報酬に関する事項、取締役の個人別報酬等の決定方針が含まれる。
　また、金融商品取引法における有価証券報告書でも開示する。この開示には、個人別報酬（1億円以上の役員に限ることができる）の個別開示も含まれる（開示府令第2号様式（記載上の注意）⑸b）。

⑺　法人税法による役員報酬規制

　会社は法人税の納税義務を負うが、その課税所得の計算において、役員報酬については恣意性を排除することが適正な課税を実現するために必要と考えられてきた。このため、役員報酬（業績連動給与に該当しない退職慰労金などを除く）が、会社の所得から控除される損金の額とされるには、つぎの一定の要

件を満たす必要がある（法法34）。

> 損金の額に算入される役員報酬の概要
> ①定期同額給与
> 　支給時期が1か月以下の一定の期間ごとであり、事業年度の各支給時期における支給額が同額である給与。
> ②事前確定届出給与
> 　所定の時期に支給する給与で、事前の届出を行っている給与。または、適格株式または適格新株予約権。
> ③業績連動給与
> 　業務執行役員に対し、有価証券報告書に記載される利益・株式の市場価格・売上高の状況を示す指標を基礎とした客観的な算定方法による業績連動給与で、所定の時期までに支給されるもの。

　この要件を満たさない役員報酬、及び役員報酬として不相当に高額な部分は、会社の所得の計算上損金の額に算入せず、法人税の課税対象としている。

② 会社補償

　取締役がその職務を執行するにあたり、第三者から責任追及を受けた場合には、取締役が要した弁護士費用や損害賠償金を会社に請求できると考えられる。このような費用・損失を会社が負担する契約である補償契約が認められるが、この契約には利益相反性がある。ここでは補償契約に関する規律をみる。

(1) 会社補償に関する規律

　取締役を含む役員が、その職務の執行に関し、①法令違反が疑われ、または責任追及に係る請求を受けたときに対処するために支出する費用、②第三者に生じた損害を賠償する責任を負う場合に損害を賠償することにより生じる損失、または和解金を支払うことにより生ずる損失の全部または一部を会社が取締役に対して補償することを会社補償という（会430の2①）。

　この会社補償を認めるメリットとしては、①取締役が職務執行にあたり、第三者に生じた損害の賠償責任を負うことを過度に恐れるあまり、取締役の

職務執行が萎縮することは、株主の利益を損なうこととなること、②取締役に対して責任追及が行われたときに、適切な防御活動をすることは、会社の損害拡大の抑止ともなること、などがあげられる。

　これまでも、取締役が職務を執行するにあたり、取締役に過失がないにもかかわらず、第三者から責任追及を受け、費用または損失が生じたときは、会社法 330 条・民法 650 条により、取締役は会社に対してその補償を求めることができるとの見解もあったが、解釈上の疑義もあった。

　また、この会社補償に関する契約には、会社と取締役との契約であるため利益相反性があること、及び補償契約が締結されていることにより取締役の職務執行の適正性に影響が生じるおそれがあることが認められる。

　そこで、令和元年会社法改正で、この会社補償に関する契約についての規律が設けられた。この補償契約の内容の決定には、取締役会設置会社では取締役会、取締役会を設置しない会社では株主総会の決議が必要である（会 430 の 2①）。決議があったときは、その補償契約には民法 108 条を適用しない（会 430 の 2⑦）。

　また、事業年度末日において公開会社である会社は、事業報告により補償契約に関する一定の事項を報告しなければならない（会規 119 二、121 三の二）。

⑵　会社補償の対象とならない費用・損失

　会社補償を無制限に認めると、取締役等の職務執行の適正性が損なわれることから、会社法は会社補償の対象とならない費用・損失を定めている。

　すなわち、①通常要する費用の額を超える部分、②会社が第三者に対して損害を賠償した場合において当該取締役等に対して求償することができる部分、③取締役等がその職務を行うにつき悪意または重大な過失があったことにより、第三者に対して損害を賠償する責任を負う場合における損害賠償金及び和解金については、会社は補償することはできない（会 430 の 2②）。

　また、取締役等が自己もしくは第三者の不正な利益を図り、または会社に損害を加える目的で職務執行をしたことを会社が知ったときは、会社は補償の返還を求めることができる（会 430 の 2③）。

　なお、取締役等に悪意または重大な過失があっても、費用については会社

と取締役等との補償契約により、補償対象とすることができる。

⑶　会社補償を行ったとき

　取締役会設置会社では、補償契約に基づく補償をした取締役及び補償を受けた取締役は、遅滞なく、その補償についての重要な事実を取締役会に報告しなければならない（会430の2④）。

③　役員等賠償責任保険契約

　取締役は、その職務執行に関して、会社もしくは第三者から責任追及を受け、損害賠償責任を負う可能性がある。このリスクを軽減するため、会社が取締役を被保険者として役員等賠償責任保険に加入することがある。この役員等賠償責任保険加入も利益相反性がある。ここでは、役員等賠償責任保険に関する規律をみる。

⑴　役員等賠償責任保険に関する規律の必要性

　役員等賠償責任保険は、取締役を含む役員等の職務執行により会社もしくは第三者に損害を与えたとして責任追及を受けたことにより生じる費用または損失を補填するための保険である。役員等を被保険者として会社が保険契約を締結することは利益相反取引（間接取引）に該当し、また、会社や第三者に損害を与えても保険で填補されるとして、役員等のモラルハザードを生む可能性がある。しかし、企業活動の規模が大きくなる現在では、責任追及を受けた場合の損害額が大きくなることから、役員等がそのリスクを過度に恐れ、職務執行が萎縮し、結果として株主の利益が損なわれる可能性がある。そこで、この役員等賠償責任保険の締結は会社にとっても有効と考えられる。このため、令和元年会社法改正で、適切な手続のもとで役員等賠償責任保険の締結がなされるよう、規律が設けられた。

⑵　役員等賠償責任保険に関する規律の内容

　会社が役員等賠償責任保険の内容を決定するには、取締役会設置会社では取締役会の決議、取締役会を設置しない会社では株主総会の決議が必要であ

る（会430の3）。取締役会は役員等賠償責任保険の内容の決定を取締役・執行役に委任することはできない。

　なお、取締役を被保険者として会社が保険契約を締結し、保険料を負担するため、取締役会決議において、取締役が特別利害関係人に該当するかどうかが問題となる。しかし、報酬決定と同様、取締役全員が取締役会決議に共通の利害関係を有することから、決議の公正性を害せず、取締役は特別利害関係人には該当しないと解される。

　この決議を得ると、役員等を被保険者とする役員等賠償責任保険契約の締結に利益相反取引規制は適用されない。また民法108条の規律も適用されない。

⑶　規律の対象となる役員等賠償責任保険

　会社が、取締役等の役員等がその職務の執行に関し責任を負うこと、または当該責任の追及に係る請求を受けることによって生じることのある損害を保険者が塡補することを約する保険契約であって、役員等を被保険者とするものが規律の対象となる。但し、役員等の職務の執行の適正性が著しく損なわれるおそれがないものとして法務省令（会規115の2）で定めるものは除かれる。

　具体的には、役員賠償責任保険（D&O保険）を想定しており、生産物賠償責任保険（PL保険）・企業総合賠償責任保険（CGL保険）などは対象外である。これは、D&O保険は役員等自身の責任に起因する損害を塡補する保険であるのに対し、PL保険・CGL保険などは会社に生ずることまある損害を塡補する保険であり、これに役員等が付随して被保険者とされているためである。

⑷　役員等賠償責任保険締結後の開示

　役員等賠償責任保険を締結することは、株主にとって重要な情報であるため、事業年度末日において公開会社である会社は、事業報告にて開示する必要がある（会規119二の二、121の2）。

7. 経営者を監督する

　株式会社では、所有と経営が分離しているため、経営者である取締役の職務執行を監督することは、会社の所有者であり、取締役に経営を委任した株主の権利である。また、株主有限責任のもとで、債権者の存在を考慮すると、義務でもある。

　しかし、株主の多くが投資家として利益追求に関心を持ち、また、取締役と直接親しいわけでもない状況のもとでは、株主に取締役の職務執行の監督を期待するのは無理がある。

　このため、取締役・取締役会が監督を担っているのであるが、さらに、会社法は、監査役、監査役会、会計監査人、及び計算書類の作成を共同で担う会計参与という機関を用意した。ここでは、これらの機関についてみることにしよう。

[1]　監査役

　取締役・取締役会は、代表取締役を含め、取締役の職務執行を監督する。しかし、代表取締役は取締役であり、また、取締役会の構成員である。社内的には、監督をする取締役よりも、監督を受ける代表取締役が上位に映る。また、取締役相互間・取締役会での取締役に対する監督についても、取締役が社内出身者から占められている場合には、しがらみや忖度から、自身の担当領域外に踏み込まない可能性もある。

　そこで、取締役の職務執行の監督を強化するため、株主が有する監督権を、株主に代わって行使する監査役を設けている。

(1)　監査役の職務

　監査役の職務は、取締役及び会計参与の職務執行の監査である（会381①）。この監査は、会社の業務を監査する業務監査、会社の会計を監査する会計監査に及ぶ。

　業務監査とは、取締役の職務執行につき、不正の行為又は法令・定款違反

の有無を監査することであり、これを違法性監査という。取締役には善管注意義務及び忠実義務が課されているが、この義務に対する違反も法令違反であるから、業務監査の対象となる。しかし、監査役は、株主に代わって取締役が違法な職務執行を行わないよう監督する存在であるため、経営に関する判断の妥当性については業務監査の対象とすることはできない。

　また、会計監査とは、計算書類、事業報告、並びにこれらの附属明細書の監査である（会436①）。会計監査人設置会社では、監査役の監査より先に、会計監査人が計算書類及びその附属明細書を監査する。監査役は会計監査人の監査が適切になされているか検証し、会計監査人の監査の方法及び結果が相当でない場合には、監査役は監査報告にその旨及び理由を記載しなければならない（会436②、計規127二）。

　監査役が複数人選任されている場合、監査役はそれぞれ独立して職務を執行する。これを独任制という。監査役会が設置されている場合であっても、それぞれの監査役の権限行使を妨げることはできない。適法性の判断は多数決で決めることはできないためである。

　この業務監査と会計監査の職務を有する監査役を設置している会社を、監査役設置会社という（会2九）。しかし、中小会社である非公開会社では、監査役の監査範囲を会計監査に限定することができる（会389①）。これは、会社法の前身である平成17年改正前の商法特例法において、小会社の監査役の監査範囲が会計監査に限定されていたことに由来する。会社法では「監査役設置会社の監査役」という表現がよく使われるが、この監査役設置会社とは、業務監査権限を有する監査役を設置している会社をいう。つまり、会計監査権限限定監査役を設置しても、監査役設置会社ではない。

　監査役は、事業年度ごとに法務省令で定めるところにより、監査報告を作成しなければならない（会381①）。監査役の監査が会計監査に限定されている場合は事業報告を監査する権限がない旨も記載する（会規129②）。この監査報告は株主に提供され（会437）、また、株主・会社債権者は会社の営業時間内はいつでも、また、親会社社員（親会社の株主等）は裁判所の許可を得て、閲覧・謄写を求めることができる（会442③、④）。

⑵　監査役の設置義務

　つぎの会社は監査役を設置することが強制される。このほか、会社は定款で定めることにより、監査役を設置することもできる。

①取締役会設置会社

　取締役会設置会社では、会計参与を設置する非公開中小会社を除き監査役の設置が強制される（会327②）。取締役会設置会社では、取締役会を設置しない会社に比べ、株主総会の権限が縮小することから、株主に代わる監査機関として監査役が設置される。

②会計監査人設置会社

　会計監査人設置会社では、監査対象である取締役からの会計監査人の独立性を確保するため、業務監査権限を有する監査役の設置が強制される（会327③）。

③監査役会設置会社

　監査役会はすべての監査役で組織する（会390①）。このため、監査役会を設置するには、その構成員である監査役を設置することが必要である。

⑶　監査役の選任・終任

　監査役は、株主総会で普通決議により選任される（会329）。取締役の選任と同様に、監査役が欠けた場合及び会社法・定款で定めた員数を欠いた場合に備え、補欠の監査役を選任することができる。監査役の選任議案も、候補者ごとに決議する。

　監査役の選任議案を取締役が株主総会に提出するには、監査役の同意が必要である（会343）。また、監査役は取締役に対し、監査役選任を株主総会の目的事項とすること、監査役選任議案を提出することを請求することができる。

　なお、監査役は、株主総会で監査役の選任、自分が再任されないことについての意見陳述が認められる（会345）。この意見陳述の機会を保障するため、会社は辞任した監査役に対して辞任後最初の株主総会の招集を通知しなければならない。

　監査役は、自然人でなければならない。このほか、監査役になることがで

きない者が定められている（会335）。また、監査役は、会社・その子会社の取締役・支配人その他の使用人、子会社の会計参与（会計参与が法人の場合には、その職務を行うべき社員）・執行役を兼任することはできない。監査する側と監査される側が同一人では、自らの行為を自らが監査するという自己監査となり、公正な監査が期待できないためである。また、この兼任禁止に関して、弁護士資格を有する監査役が会社の訴訟代理人を努めることが、会社使用人との兼任禁止に抵触すると主張された事案につき、最高裁は特定の訴訟事件につき訴訟代理人となることまでを禁止するものではないと判示した（最三小判昭和61・2・18）。

　監査役の数に上限はない。監査役会設置会社では、3名以上の監査役を選任しなければならず、半数以上は社外監査役でなければならない。もっとも、定款で監査役の数の上限・下限を定めることはできる。

　任期は、選任後4年以内に終了する事業年度のうち最終のものに関する定時株主総会の終結の時までである。補欠として選任された場合を除き、定款や株主総会決議をもっても、短縮することはできない。非公開会社では、定款で選任後10年以内に終了する事業年度のうち最終のものに関する定時株主総会の終結の時まで伸長することが可能である（会336）。

　終任事由については、取締役と同じである。株主総会は監査役を解任することができるが、取締役の解任が普通決議によるのに対し、監査役の解任は特別決議が必要であり、監査役の地位強化が図られている。（会339①、309②七）。また、監査役設置の廃止、監査等委員会設置会社への変更、指名委員会等設置会社への変更、監査役監査権限の会計監査限定の廃止、公開会社への変更のために定款を変更する場合には、定款変更の効力発生により任期が満了する（会336④）。解任の訴えについては、取締役と同じである。

⑷　監査役の権限

　監査役設置会社の監査役は、業務監査を行うためにつぎの権限を有する。監査役が必要にもかかわらずこれらの権限を行使しないときは任務懈怠の責任を負うことから、権限の行使は義務でもある。なお、取締役会設置会社の監査役は、取締役会に出席し必要に応じて発言する義務もある（会383①）。

①報告請求権・調査権

　監査役は、いつでも、取締役・会計参与・支配人その他の使用人に対して、事業の報告を求め、または会社の業務・財産の状況を調査することができる（会381②）。

　また、監査役はその職務を行うために必要があるときは、子会社に対して事業の報告を求め、または子会社の業務・財産の状況を調査することができる（会381③）。なお、子会社は監査役の報告聴取・調査が権限濫用であるなど、正当な理由があるときは、その報告・調査を拒否することができる（会381④）。

②取締役会招集請求権・違法行為差止請求権

　取締役が不正の行為をし、もしくはその行為をするおそれがあると認めるとき、または法令・定款に違反する事実もしくは著しく不当な事実があると認めるときは、監査役は遅滞なく取締役（取締役会設置会社では取締役会）に報告しなければならない（会382）。この報告のため、取締役会設置会社の監査役は、取締役会の招集請求権を有し、また自ら招集することができる（会383②、③）。

　また、取締役の法令・定款違反行為により会社に著しい損害が生じるおそれがあるときは、監査役はその行為の差止めを取締役に請求することができる（会385①）。この違法行為差止請求権は、監査役の違法性監査の実効性を担保するものである。そもそも、株主も、この違法行為差止請求権を有しており（会360①）、監査役設置会社では監査役が株主の保護のために株主の権利を株主に代わって行使する形となっている。しかし、監査役設置会社の株主が違法行為差止請求権を失うものではなく、監査役設置会社では、株主の行使は会社に回復することができない損害が生じるおそれがあるときは、なお可能である（会360③）。監査役が違法行為差止請求権を行使するために裁判所に仮処分の請求をするときは、監査役の職務として業務監査権限を行使するものであるから、株主の権利行使と異なり担保を要しない（会385②）。

③株主総会提出議案等の調査権

　取締役が株主総会に提出する議案・書類等を調査し、これらに法令・定款に違反し又は著しく不当な事項があると認めるときは、監査役は株主総会で

報告しなければならない（会 384）。

(5)　監査役の責任

　会社と監査役との関係は委任に関する規定に従う（会 330、民 643）。したがって、監査役は職務執行につき善管注意義務を負う（民 644）。なお、取締役と異なり、監査役には忠実義務規定は設けられていない。

　このため、監査役は任務懈怠により会社に生じた損害を賠償する責任を負う（会 423①）。監査役の責任は総株主の同意がない限り免除できないが（会 424）、取締役と同様に一部の免除が可能である（会 425 から 427）。

　また、監査役が職務執行に際し悪意・重過失があったときは、第三者に生じた損害を賠償する責任を負う（会 429）。監査役が監査報告に記載しまたは記載すべき重要な事実について虚偽の記載をした場合には、注意を怠らなかったことを証明しない限り、第三者に対する損害を賠償する責任を負う。

(6)　取締役と会社間の訴訟での代表

　監査役設置会社の監査役は、会社が取締役に対し、または取締役が会社に対し、訴えを提起する場合には、その訴えにつき会社を代表するものとされる（会 386①）。これは、会社が訴訟当事者となるときに、取締役が会社を代表することとなると、取締役が取締役を相手として訴訟することとなり、いわゆる馴れ合い訴訟となるおそれがあり、これは会社、すなわち株主の利益を損なうこととなるためである。株主による訴えの提起、株主代表訴訟における原告株主からの通知または催告についても監査役が受ける（会 386②）。

　また、株主代表訴訟につき、監査役設置会社が被告取締役側へ補助参加するには、監査役全員の同意が必要である（会 849③）。監査役設置会社が株主代表訴訟で和解をするには、監査役全員の同意が必要である（会 849 の 2）。

(7)　取締役会の監督と監査役の監査の差異

　取締役会設置会社には原則として監査役が置かれ、株主に代わって取締役の職務執行を監査する。これに対し、取締役会も取締役の職務執行の監督を行う。両者の差異はなにか。

　ここまでみてきたように、監査役は違法性監査を行う。株主は、本来、取締役の職務執行に対する監督権を有するが、取締役の業務執行の意思決定や監督に関与することが難しいため、監査役を選任して監査を委ねており、監査役は経営を委ねられたのではないためである。このことは株主の違法行為差止請求権を、監査役が行使する点からも明らかである。

　これに対し、取締役会設置会社の取締役会も取締役の職務執行の監督を行う（会362②二）。取締役は株主から経営を委託された者であるから、取締役会の監督は違法性のみならず妥当性にも及ぶ。これを妥当性監査という。

　このように、監査役の業務監査の範囲は、取締役会の監督の範囲よりも狭い。しかし、業務執行する代表取締役が取締役として取締役会の構成員であり、かつ、取締役会を主導する立場にいることを考えると、取締役会の監督が機能しない局面もあり得るため、株主に代わって違法な職務執行をすることのないよう監査する監査役が必要なのである。もっとも、取締役会の監督機能がより強化され、取締役会自身が、取締役の違法な職務執行をすることがないよう監督できるのであれば、監査役は不要となる。この経営の仕組みの考え方を導入したのが、社外取締役を中心とした監査等委員会・監査委員会を設置する会社である。

(8)　会計監査権限限定監査役

　監査役会設置会社及び会計監査人設置会社を除き、非公開会社では、定款で監査役の監査の範囲を会計監査に限定することができる（会389①）。この場合は登記が必要である（会911③十七イ）。

　監査役設置会社であるか否かにより、株主の監督権に大きな違いがある。この会計監査に限定した監査役を設置している場合、取締役の職務執行に対する監督権は株主にある。なお、この会計監査に限定した監査役であっても、会計帳簿等の閲覧及び謄写、子会社に対する会計に関する報告の聴取、会社もしくは子会社の業務及び財産の調査ができ（会389④）、株主総会に提出する会計に関する議案等の調査と株主総会への報告が求められている（会389③）。

⑼　監査役に対する報酬等

　監査役の報酬は定款の定めもしくは株主総会決議により定められる（会387）。取締役に対する報酬規制と異なり、必要な額を支給することで取締役からの独立性を確保するためである。なお、監査役が複数選任されているときで定款もしくは株主総会決議に個別の報酬額の定めがないときは、個別の報酬額は監査役の協議により定める。

　監査役は、職務執行のために必要な場合には、費用の前払い、支出した費用の償還及び利息の支払い、負担した債務の債権者に対する弁済等を求めることができる。本来であれば、弁済を求める監査役側が、その支出が監査に必要であったことを証明する必要があるが、それでは監査を抑止することになるため、会社法は証明責任を会社に転換することとした。したかって、会社は職務執行に必要がないことを証明しない限りこれらを拒否することはできない（会388）。

② 　監査役会

　監査役は独任制であり、複数の監査役が選任されている場合でも、各監査役が独立して監査を行う。しかし、誰にでも1日は24時間しかなく、各監査役が監査するには時間的な制約がある。大規模な会社で監査対象が広範囲であるがゆえに、複数の監査役が選任されていたときに、各監査役が独立して監査を行うと、監査が重複したり空白が生じたりなど偏りが生じる。そこで、監査対象が広範囲な会社では、監査役全員により監査役会を組織し、監査の偏りが生じないよう、監査範囲を分担し、各監査役が監査役会で監査結果を報告し共有することとした。この場合でも監査役の独任制は保たれており、各監査役は他の監査役の監査結果を利用し、さらに監査が必要と判断するときは、自ら監査を行うことができる。このように、監査役会は監査を組織的、効率的に行うための機関である。

⑴　監査役会の職務

　監査役会とは、監査役全員で組織され、監査報告の作成、常勤監査役の選定及び解職、監査の方針及び監査役の職務の執行に関する事項の決定を行う

機関である（会390①②）。

①監査の方針、調査の方法等の決定

　監査役会は、監査の方針、会社の業務及び財産の状況の調査の方法その他監査役の職務の執行に関する事項の決定を行う（会390②三）。

②監査役間の情報共有

　組織的・効率的監査を担保するため、監査役は監査役会の求めがあるときは、いつでもその職務の状況を監査役会に報告しなければならない（会390④）。

③監査報告の作成

　各監査役が作成した監査報告に基づき、監査役会としての監査報告を作成する（会390②一）。この監査役会の監査報告と、各監査役の監査報告の内容が異なるときは、その事項に係る内容を監査役会監査報告に付記することができる（計規123②）。

④常勤監査役の選定及び解職

　監査役会設置会社では1名以上の常勤の監査役を監査役会により選定しなければならない（会390③）。この「常勤」の意義について会社法には定めがないが、会社の業務時間中、専ら会社の監査業務に携わることと理解されている。会社の重要な会議への陪席、監査のための研鑽の時間も含まれよう。なお、会社法は、取締役には常勤を求めておらず、監査等委員会設置会社及び指名委員会等設置会社では監査等委員・監査委員にも常勤性に関する定めはない。会社により監査に必要であれば結果的に常勤の執務形態になろうが、会社法で設置を強制する必要性は疑問である。なお、実務的には、監査等委員会設置会社及び指名委員会等設置会社でも、常勤の監査等委員・監査委員を置く例が多い。

⑵　監査役会の設置

　監査役会は定款の定めにより設置され、公開会社である大会社に設置が強制される（会328①）ほか、会社の任意により設置することができる。但し、監査等委員会設置会社及び指名委員会等設置会社には設置することはできない。

　監査役会を設置する会社を、監査役会設置会社という（会2十）。

監査役会を設置するためには半数以上の社外監査役を含む、3名以上の監査役を置かなければならない（会335③）。

(3)　監査役会の運営

監査役は独任制であり、監査役会の招集権は各監査役に認められている（会391）。招集手続及び議事録は取締役会と実質的に同じである。

監査役会の決議は、監査役の過半数により決定する（会393①）。取締役会と同様に、各監査役に1個の議決権が認められる。他人に委任して代理行使することは認められない。監査役会の決議の手続、内容上の瑕疵があるときは、一般原則により決議は無効である。

(4)　社外監査役

監査役会を設置する場合には、半数以上の監査役が社外監査役でなければならない（会335③）。社外監査役には、法定の要件がある（会2十六）。

社外監査役要件の概要

①就任前10年の間に当該会社・その子会社の取締役・会計参与・執行役・支配人その他の使用人であったことがないこと。

②就任前10年の間に当該会社・その子会社の監査役であったことがある者は、当該監査役の就任前10年間に当該会社・その子会社の取締役・会計参与・執行役・支配人その他の使用人ではなかったこと。

③当該会社の親会社等（自然人に限る）または親会社等の子会社等の取締役・監査役・執行役・支配人その他の使用人ではないこと。

④当該会社の親会社等の子会社等（当該会社及びその子会社を除く）の業務執行取締役等でないこと。

⑤当該会社の取締役・執行役・支配人その他の重要な使用人または親会社等（自然人に限る）の配偶者・二親等内の親族でないこと。

平成26年会社法改正により、公開会社である大会社であって金融商品取引法上の有価証券報告書提出会社である監査役会設置会社に対し、社外取締役を置いていない場合には、当該事業年度に関する定時株主総会において取締役は社外取締役を置くことが相当でない理由を説明することが求められた。

この改正までは、社外から招聘した役員は、主に社外監査役として選任されていた。しかし、社外監査役は、監査役であるから違法性監査にとどまり、取締役会への出席義務はあるが取締役会での議決権は認められない。このため、取締役会の機能強化を図るため、妥当性監査を担う社外取締役の設置が求められるようになった。この平成26年会社法改正により社外取締役である監査等委員を中心とする監査等委員会が設けられたこと、令和元年会社法改正で上場会社等に社外取締役設置が義務化されたこと、さらにはコーポレートガバナンス・コードにより、プレミア市場に上場する会社では、取締役数の3分の1を独立社外取締役とすることが求められていることなどを背景に、社外監査役から社外取締役への方向性は強まるものとみられる。

③　会計監査人

　監査役は会計監査を担うが、監査役の就任には企業会計に関する資格や専門知識は必ずしも必要とされていない。しかし、企業会計は高度な専門性を有し、会社によっては会計監査にあたり企業会計に関する専門知識が必要となる。そこで、企業会計に対する専門知識を有する職業専門家である公認会計士及びその法人である監査法人が、会社の会計監査を担う機関を設けている。

　会計監査人が設置されている場合、監査役は会計監査人の監査の方法及び結果の妥当性を監査する。

　なお、金融商品取引法は、上場会社等に対し提出を求める有価証券報告書等に、公認会計士等による監査証明を受けることを求めており、この監査人と会計監査人は同一の公認会計士等が担うのが一般的である。

⑴　会計監査人の職務

　会計監査人は監査役（監査役会）、監査等委員会もしくは監査委員会と連携して、計算書類及び附属明細書等の監査を行い、法務省令で定めるところにより、会計監査報告を作成しなければならない（会396①）。

　会社法・会社計算規則は、この会計監査の基準、手続を定めてはいない。しかし、金融商品取引法が、上場会社等に対し提出を求める有価証券報告書

等に、公認会計士等による監査証明を受けることを求め、この監査証明は、
内閣府令で定める基準及び手続によって行わなければならないとされており
（金商 193 の 2）、この内閣府令は、公認会計士等の監査報告書は、一般に公正
妥当と認められる監査に関する基準及び慣行に従って実施された監査等の結
果に基づいて作成されなければならないとしている（監査内閣府令 3）。

　会計監査人は事業年度終了後、作成された計算書類等を監査するが、それ
だけではなく、事業年度中から取締役等と意思疎通を図り、情報の収集、監
査環境の整備等に努めている。

　なお、金融商品取引法の監査報告書を透明化するため、監査において監査
人が特に重要であると判断した事項を、監査上の主要な検討事項（KAM=Key
Audit Matters）とし、その内容、判断した理由、監査上の対応について記載が
求められるようになった。

⑵　会計監査人の設置

　会計監査人は定款の定めにより設置され、大会社である会社には設置義務
があり（会 328）、その他の会社では設置は任意である。取締役からの独立性
を確保するため、会計監査人は業務監査権限を有する監査役、監査等委員会、
もしくは監査委員会とともに設置しなければならない（会 327③⑤）。

　会計監査人を設置する会社を、会計監査人設置会社という。

⑶　会計監査人の選任・終任

　会計監査人は株主総会で選任する（会 329①）。員数は法定されていない。任
期は選任後 1 年以内に終了する事業年度のうち最終のものに関する定時株主
総会の終結の時までである。しかし、この定時株主総会において別段の決議
がされなかったときは、当然に再任されたものとみなされる（会 338）。

　会計監査人の選任・解任・不再任の議案の内容については、監査役設置会
社では監査役、監査役会設置会社では監査役会に（会 344）、監査等委員会設
置会社では監査等委員会に（会 399 の 2③二）、指名委員会等設置会社では監査
委員会に（会 404②二）決定権限がある。

　株主総会は普通決議により会計監査人を解任することができる（会 339）。

もっとも、正当な理由のない場合には会社に損害賠償義務が生じる。また、会計監査人に職務上の任務懈怠、非行、心身の故障があったときには監査役・監査等委員・監査委員は全員一致により、株主総会の決議を待たずに解任することができる（会340）。なお、会計監査人の欠員が生じ、遅滞なく株主総会の決議を得ることが困難な場合には、監査役・監査等委員・監査委員の全員の同意により一時会計監査人の選任が可能である（会346）。

　会計監査人は公認会計士または監査法人でなければならない。このほか一定の欠格事由が定められている（会337①）。

(4)　会計監査人の権限

　会計監査人には、①会計帳簿の閲覧・謄写、②取締役・執行役・会計参与・支配人その他の使用人に対し会計に関する報告を求めること、③子会社に対し報告を求めること、子会社の業務・財産の状況の調査に関する権限が認められている（会396）。ただし、子会社は正当な理由があるときは拒むことができる。

　なお、会計監査人はその職務を行うに際して取締役・執行役の職務執行に関し不正の行為又は法令・定款に違反する重大な事実があることを発見したときは、遅滞なく監査役（監査役会設置会社では監査役会、監査等委員会設置会社では監査等委員会、指名委員会等設置会社では監査委員会）に報告する義務を負う。また、監査役、監査等委員会・監査委員会が選定した委員から報告を求められたときは、報告しなければならない（会397）。

　また、会計監査人は、監査役・監査等委員・監査委員と意見を異にする場合には、定時株主総会で意見陳述することができる。定時株主総会は会計監査人の出席を求めることができ、その場合には会計監査人は意見陳述義務がある（会398）。

(5)　会計監査人の義務

　会計監査人は善管注意義務を負う（会330、民644）。この善管注意義務は、通常実施すべき監査手続に従って必要かつ十分と考えられる監査手続を実施することをいう。この「通常実施すべき監査手続」とは、会社の状況に応じ

てリスク・アプローチに基づき、会社固有のリスクと内部統制上のリスクを考慮した上で、監査計画を策定することをいうと解されている（大阪地判平成20・4・18判時2007号104頁）。

　なお、会計監査人にも、監査役と同様に、会社に対する責任、第三者に対する責任がある。

(6)　会計監査人に対する報酬

　会計監査人の報酬については、役員と異なり、定款または株主総会の決議を要しない。このため会計監査人に対する報酬は取締役の業務執行として決定されるが、取締役が必要な監査のための報酬を支給せず、監査の質が低下するおそれもある。このため、会計監査人の報酬を決定するにあたっては、監査役、監査役会、監査等委員会もしくは監査委員会の同意を得なければならない（会399）。

４　会計参与

　会社の計算書類等の作成は業務執行にあたり、取締役・執行役の職務である。しかし、取締役・執行役には、企業会計に関する専門知識は必要とされていない。大会社には会計監査人の設置が義務付けられることから、企業会計の職業専門家が計算書類等の適正性を監査し、透明性も担保している。しかし、中小会社には、このような義務がないことから、その計算書類等の適正性、透明性を不安視する意見もあった。そこで、会社法制定時に、公認会計士・税理士及びその法人を、取締役と共同して計算書類の作成に携わる役員として迎える会計参与を設けた。

　中小会社でも法人税・消費税等の税務申告を行う必要から、税理士と顧問契約をして税務相談・申告代理・会計業務の委嘱を行っていることが多いため、当初は会計参与の普及が期待された。しかし、資金調達面での金融機関との関係では「中小企業の会計に関する指針の適用に関するチェックリスト」等により計算書類等の適正性・透明性の確保が代用されるようになり、会社は会計参与を設置するメリットをさほど感じられず、引き受け手となる税理士等は、会計参与の対第三者責任を重荷に感じ、さほど普及していないのが

現実である。

⑴　会計参与の職務

　会計参与は、計算書類等の作成、会計参与報告の作成、計算書類等の保存及び備置を行う。

①計算書類等の作成

　会計参与は、取締役・執行役と共同して計算書類及びその附属明細書、臨時計算書類、並びに連結計算書類を作成する（会374①⑥）。計算書類等の作成は、取締役・執行役が担う業務執行行為である。しかし、会計参与設置会社では取締役・執行役と会計参与の意思の合致が必要であり、取締役・執行役が単独で計算書類等を作成することはできない。このように計算書類等の作成に会計参与が携わることで、会計参与設置会社の計算書類等の適正性が担保される。

②会計参与報告

　会計参与は、法務省令で定めるところにより会計参与報告を作成しなければならない（会374①）。

③計算書類等の保存及び備置

　会計参与は、①計算書類等及び会計参与報告を、取締役会設置会社の場合は定時株主総会の日の2週間前から、取締役会を設置しない会社の場合は1週間前から5年間、②臨時計算書類及び会計参与報告については臨時計算書類作成日から5年間、会計参与の事務所で保管しなければならない（会378①、会規103）。

　会計参与設置会社の株主及び債権者は、会社の営業時間内はいつでも、会計参与に対して計算書類等の閲覧・謄本の交付を求めることができる。会計参与設置会社の親会社社員も、権利の行使に必要があり、裁判所の許可を得たときも同様である（会378②③）。

　これにより、もし取締役・執行役が、会計参与と共同で作成した計算書類等とは別に、会社が独自に計算書類等を作成し、株主・債権者に開示したとしても、株主・債権者は会計参与が保管している正規の計算書類等や会計参与報告を閲覧等して、会社が開示した内容の正当性を確認することができる

ことから、会社による改竄を防ぎ、透明性が担保される。

⑵　会計参与の設置

　会計参与は、非公開会社である取締役会設置会社で、監査役を設置しない場合に設置義務がある（会327②）。これ以外の会社では、会計参与の設置は原則として任意である。会社法上は、大会社や監査等委員会設置会社・指名委員会等設置会社を含め、すべての会社で設置可能である。会計参与を設置する会社を、会計参与設置会社という。

　もっとも、大会社や監査等委員会設置会社・指名委員会等設置会社では、会計監査人の設置が義務とされる。企業会計の職業専門家の会計監査を受け、計算書類等の適正性が担保されており、これに加えて会計参与を設置する必要性は乏しい。これに対し、大会社以外の会社では、監査役が会計監査を担うが、企業会計に関する知識や経験が十分とは限らないため、このような会社で会計参与が計算書類等の作成に携わることにより、計算書類等の適正化・透明化が図られることが期待される。

⑶　会計参与の選任・終任

　会計参与は、公認会計士・監査法人または税理士・税理士法人でなければならない。また、兼任禁止、欠格事由の定めがある（会333）。

　会計参与は、株主総会で普通決議により選任される（会329①）。員数は法定されていない。しかし、会計参与は独任制のため、複数の会計参与が選任されると、各会計参与が独立して職務を行うこととなる。

　任期は原則として選任後2年以内に終了する事業年度のうち最終のものに関する定時株主総会の終結時までである。定款又は株主総会の決議をもって短縮することはできる（会334①、332①）。また、非公開会社では、定款で選任後10年以内に終了する事業年度のうち最終のものに関する定時株主総会の終結時まで伸長することができる（会332②）。

　なお、法人が会計参与であるときは、その社員の中から会計参与の職務を行うべき者を選定し、会社に通知しなければならない（会333②）。

　任期の満了、辞任、解任のほか、定款変更により会計参与の設置を置く旨

の定款の規定を廃止したときは終任となる（会334②）。

⑷　会計参与の義務
①取締役会・株主総会への出席義務

　取締役会設置会社の会計参与は、計算書類等を承認する取締役会に出席し、必要があると認めるときは意見を述べなければならない（会376①）。このため、取締役会の招集者は、取締役会の日の1週間前までに（定款で短縮することは認められる）、会計参与の全員に対して招集通知を発しなければならない。会計参与設置会社で招集手続を省略するときは、会計参与の全員の同意が必要である。

　また、会計参与は株主総会に出席し説明する義務を負う。また、計算書類の作成に関し取締役・執行役と意見を異にするときは、株主総会で会計参与は意見を述べることができる（会377）。

②報告義務

　会計参与がその職務を行うに際し、取締役の職務の執行に関し不正の行為又は法令定款に違反する重大な事実があることを発見したときは、遅滞なく、株主（監査役設置会社では監査役、監査役会設置会社では監査役会、監査等委員会設置会社では監査等委員会、指名委員会等設置会社では監査委員会）に報告しなければならない（会375）。

⑸　会計参与の責任

　会計参与は会社の役員であるから、会社との関係は委任に関する規定に従う。したがって、善管注意義務が課される（会330、民644）。また、会計参与にも、監査役と同様に、会社に対する責任、第三者に対する責任が課されている。

⑹　会計参与に対する報酬

　会計参与の報酬は、定款の定めまたは株主総会の決議により決定される。会計参与が複数選任されているときに、各会計参与に対する具体的な報酬額の決定がないときは、会計参与の協議により定める。会計参与は、株主総会

において、報酬等について意見を述べることができる（会379）。

　また、監査役と同様に、その職務の執行に係る費用の償還請求権を有する（会380）。

8．経営者の損害賠償責任とは

　取締役等がその任務を懈怠したことにより、株式会社に損害を与えたときは、会社に対して賠償する責任を負う。しかし、会社に対する賠償責任については、会社の所有者である株主の意思により全部、または一部の免除が可能である。

　また、取締役等が、任務懈怠により第三者に損害を与えたときは、第三者に対して賠償する責任を負う。

　ここでは、これら取締役等の損害賠償責任についてみることとしよう。

1　会社に対する責任

(1)　損害賠償責任

　役員等（会社の役員である取締役・会計参与・監査役・執行役及び役員ではないが会計監査人を含む）が、その任務を怠り、会社に損害を生じさせたときは、その損害を賠償する責任を負う（会423①）。

　会社と役員等との法律関係は委任であるから、受任者である取締役等は善良なる管理者の注意をもって職務を遂行しなければならず、法令・定款違反はもちろん、善管注意義務に違反し、それにより委任者である会社に損害を生じさせたときは、委任契約に違反し、債務不履行責任を負うこととなる（民415）。しかし、会社法はそれでは不十分と考え、会社法423条で会社に対する責任を定めた。

　なお、取締役・執行役が取締役会・株主総会の事前の承認なく、競業取引をしたときは、取締役・執行役が得た利益の額は、会社に生じた損害額と推定する（会423②）。

(2)　損害賠償責任の免除

　この損害賠償請求権は会社が有するが、会社は役員等に対し、損害賠償責任を免除することはできるだろうか。

　損害を受けたのは会社である。そうすると、会社は免除することができるようにみえる。しかし、会社が損害を受けたということは、株主の財産が減少したこととなる。そこで、実質的な損害を受けた株主でなければ、役員等の損害賠償責任を免除することはできないはずである。

　そこで、会社法は、役員等の損害賠償責任を免除するには、総株主の同意を要するとした（会424）。

　これは、1株でも有する株主が反対すれば免除することはできない、ということである。株主は役員等の責任を会社に代わって追及することができるが、この権利は単独株主権であり、1株でも株式を持っていれば権利を行使できる、という規律と表裏一体となっている。また、親子関係のある子会社の役員等の責任は、最終完全親会社等の株主も多重代表訴訟により追及できるため、多重代表訴訟の対象となる特定責任を免除するには、総株主の同意に加え、最終完全親会社等の総株主の同意も必要となる（会847の3⑩）。

(3)　損害賠償責任の一部免除

　しかし、損害賠償責任の免除に総株主の同意が必要とすると、株式会社は多数の出資者により出資された共同企業体であるから、役員等の損害賠償責任を免除することは事実上できないこととなる。これは役員等がリスクを回避し、職務執行の萎縮につながる。

　そこで、会社法は損害賠償責任の一部免除を認めている。この一部免除では、最低責任限度額の計算が必要となる。

・最低責任限度額
つぎの①および②の合計額
①その役員等が在職中に会社から職務執行の対価として受け、または受けるべき財産上の1年間あたりの額に相当する額として法務省令により定める方法により算定した額の
　⒜　代表取締役・代表執行役　6年分

(b)　業務執行取締役・執行役　4 年分
(c)　それ以外の取締役・会計参与・監査役・会計監査人　2 年分
②その役員等が会社法 238 条 3 項の有利な条件・有利な金額により新株予約権
　を引き受けた場合に、その新株予約権に関する財産上の利益に相当する額と
　して法務省令により定める方法により算定した額

[1]　株主総会決議による責任の一部免除

　役員等の会社に対する責任は、その役員等に職務を行うにつき善意かつ重大な過失がないときは、賠償責任を負う額から最低責任限度額を控除した額を限度として、株主総会の特別決議により免除することができる（会 425）。完全子会社の役員等の責任（多重代表訴訟の対象となる特定責任）については、会社の株主総会と、最終完全親会社等の株主総会での特別決議が必要となる。

　監査等委員・監査委員を除く取締役及び執行役について、株主総会にこの一部免除の議案を提出するときは、監査役（監査役設置会社に限る）・監査等委員・監査委員の全員の同意を得なければならない。また、株主総会では、(a)責任の原因となった事実と賠償の責任を負う額、(b)責任の一部免除をすることができる限度とその算定の根拠、(c)責任の一部免除すべき理由とその免除する額、を開示しなければならない。

　なお、この責任の一部免除の決議を行った後、会社がその役員等に退職慰労金その他法務省令で定める財産上の利益（会規 115）を与えるときは、株主総会の承認が必要となる。その役員等が新株予約権を行使し、または譲渡するときも株主総会の承認が必要となる。役員等が新株予約権証券を有するときは、会社にその証券を遅滞なく預託しなければならない。会社に対しこの預託した証券の返還を求めるには、株主総会の承認が必要となる。

[2]　定款に基づく取締役会の決議等による責任の一部免除

　取締役が 2 名以上在任する、監査役設置会社・監査等委員会設置会社・指名委員会等設置会社では、[1] の株主総会の決議による責任の一部免除と同じ「要件と一部免除の限度」で、取締役会決議（取締役会が設置されていない会社では取締役の過半数の同意）により、責任の一部免除ができる旨を定款に定めることができる（会 426）。

　定款を変更してこの定めを置くときは、その定款変更の議案を株主総会に
提出するにあたり、監査役・監査等委員・監査委員の全員の同意が必要であ
る。この定款の定めは登記する。
　取締役会で責任の一部免除を決議することができるのは、責任の原因と
なった事実の内容、その役員等の職務執行の状況その他の事情を勘案して特
に必要と認めるときに限られる。この決議を行うために取締役会に議案を提
出するときにも、監査役・監査等委員・監査委員の全員の同意が必要である。
　取締役会等が責任の一部免除を行ったときは、遅滞なく、(a)責任の原因と
なった事実と賠償の責任を負う額、(b)責任の一部免除をすることができる限
度とその算定の根拠、(c)責任の一部免除すべき理由とその免除する額と、こ
の一部免除に異議がある場合は、1か月以上の期間を定めその期間中に異議
を述べるべき旨を公告し、または株主に通知しなければならない。この期間
中に、責任を負う役員等を除き総株主の議決権の3%以上（定款で軽減すること
ができる）を有する株主が異議を述べたときは、この責任の一部免除をするこ
とはできない。特定責任については、最終完全親会社等の責任を負う役員等
を除き総株主の議決権の3%以上（定款で軽減することができる）を有する株主が
異議を述べたときも、責任の一部免除をすることはできない。
　なお、[1]の株主総会の決議による責任の一部免除と同じく、退職慰労金
の支給等の規制が適用される。

[3] 定款に基づく責任限定契約による責任の一部免除
　業務執行取締役等以外の取締役・会計参与・監査役・会計監査人について
は、[1]の株主総会の決議による責任の一部免除と同じ「要件と一部免除の
限度」で、定款に定めた額の範囲であらかじめ会社と役員等の間で定めた額
を限度に、責任を一部免除する責任限定契約を締結することができる旨を定
款に定めることができる（会427）。
　定款を変更してこの定めを置くときは、その定款変更の議案を株主総会に
提出するにあたり、監査役（監査役設置会社に限る）・監査等委員・監査委員の
全員の同意が必要である。この定款の定めは登記する。
　この責任限定契約を締結した取締役等が、業務執行取締役等となったとき
は、この契約の効力はそれ以降失われる。

　責任限定契約を締結した役員等の任務懈怠により、損害が生じたことを会社が知ったときは、その後招集される株主総会で、(a)責任の原因となった事実と賠償の責任を負う額、(b)責任の一部免除をすることができる限度とその算定の根拠、(c)責任の一部免除すべき理由とその免除する額、(d)責任限定契約の内容とその契約を締結した理由、(e)当該役員等が賠償する責任を負わないとされた額、を開示しなければならない。

　なお、[1] の株主総会の決議による責任の一部免除と同じく、退職慰労金の支給等の規制が適用される。

2　第三者に対する責任

(1)　責任の内容

　役員等が、職務を行うについて悪意または重大な過失により、第三者に損害を与えたときは、役員等は第三者に対して損害賠償責任を負う（会429①）。

　また、役員等につぎの行為があったときは、その行為をした者は、無過失であることを立証しない限り、この責任を負う（会429②）。

---

①取締役・執行役
・株式・新株予約権・社債・新株予約権付社債を引き受ける者の募集をする際に通知しなければならない重要な事項についての虚偽の通知、またはこれらの募集のためのその会社の事業その他の事項に関する説明に用いた資料についての虚偽の記載・記録をしたこと。
・計算書類及び事業報告これらの附属明細書、臨時計算書類に記載・記録すべき重要な事項について虚偽の記載・記録をしたこと。
・虚偽の登記をしたこと。
・虚偽の公告をしたこと。
②会計参与
・計算書類及び事業報告これらの附属明細書・臨時計算書類・会計参与報告に記載・記録すべき重要な事項について虚偽の記載・記録をしたこと。
③監査役・監査等委員・監査委員
・監査報告に記載・記録すべき重要な事項について虚偽の記載・記録をしたこと。

④会計監査人
・会計監査報告に記載・記録すべき重要な事項について虚偽の記載・記録をしたこと。

　なお、複数の役員等の行為であるときは、連帯責任とされる（会430）。連帯責任を負う役員等の一部の者に対して責任の免除をしたときは、責任のある残りの役員等は、その免除を受けた役員等の負担部分について責任を免れる。

(2)　直接損害と間接損害

　この対第三者責任による責任の範囲は、役員等の行為により直接第三者に損害が生じたとき（直接損害）の場合に限らず、役員等の行為により会社が損害を被り、これにより第三者に損害が生じたとき（間接損害）にも認められる（最大判昭和44・11・26民集23巻11号2150頁）。

　例えば、会社の業績悪化により、代表取締役が代金の支払い見込みがないのに仕入れ先から後払いで商品を買い付け、支払いができず仕入れ先に損害を与えた場合が、直接損害である。これに対し、例えば、代表取締役の放漫経営により会社が急速に悪化し、その結果、弁済を受けられなくなった債権者に損害を与えた場合が、間接損害である。この対第三者責任の責任範囲が、直接損害に限られるのか（直接損害限定説）、間接損害に限定されるのか（間接損害限定説）、両損害ともに範囲とするのか（両損害包含説）、議論があったが、前記昭和44年最高裁判決は両損害包含説を採用した。

(3)　民法の不法行為との関係

　役員等は会社から職務を委任されており、第三者とは法律上の関係にないため、第三者に対しては、不法行為（民709）にあたらない限り、責任を負うはずはない。しかし、民法の不法行為責任は、自己に対する加害につき故意または過失を要件とする。このため、役員等が職務につき任務懈怠の結果、第三者に損害を与えた場合、この不法行為の要件を満たさず、第三者の保護がなされないことがあり得る。

このため、民法の不法行為責任とは別に、会社法に対第三者責任を定めた。対第三者責任では、第三者は役員等の任務懈怠につき、悪意または重過失があったことを立証すれば、自己に対する加害についての故意・過失を立証しなくても、役員等の責任を追及することができる。このため、対第三者責任は、民法の不法行為の要件を満たさなくても役員等に損害賠償を請求することができる、特別の法定責任であり、不法行為責任と競合を認めると解されている（前掲最大判昭和44・11・26）。

9．経営者の責任を追及する

株式会社で、経営者である取締役を監督するのは、本来、出資者である株主の権利である。しかし、取締役会設置会社では、株主が取締役を監督するのが難しいため、取締役会が取締役の監督を行っている。また、取締役会を置かない会社でも、取締役は相互に監視する義務を負っている。したがって、取締役の職務執行により会社に損害を生じないよう事前に防止するのも、職務執行により会社に損害が生じたときに事後に損害の回復を図るのも、取締役会・取締役の職務である。しかし、本来、株主が持つ監督権を、株主から取締役会・取締役に委託しているのであるから、取締役会・取締役がこの監督権を行使しないときは、株主が行使するしかない。ここでは、株主による経営者の責任追及をみる。

1　事前の損害の防止——違法行為差止請求権

取締役（指名委員会等設置会社の執行役を含む）が法令・定款に違反する行為をし、または行為するおそれがある場合に、その行為により、会社に著しい損害が生じるおそれがあるときは、株主は、会社のためにその行為の差止めを取締役に対して請求することができる（会360、422）。これを違法行為差止請求権という。

監査役設置会社・監査等委員会設置会社・指名委員会等設置会社では、株主は監督権を監査役・監査等委員・監査委員に委託しており、この違法行為差止請求権は、一次的にはこれら監査役等が行使する。しかし、これら監査

役等が行使しない場合もあり得るため、二次的に株主も行使できる。この場合に、株主が行使できるのは、会社に回復できない損害が生じるおそれがあるとき、に限られる。

　この違法行為差止請求権を行使できるのは、公開会社では6か月前から引き続き株式を保有する株主である（定款で短縮することができる）。非公開会社では保有要件はない。

　差止めの請求は裁判外でできるが、差止めの請求をしても、取締役が行為を止めないときは、株主は取締役を被告として訴訟を提起することとなる。この場合に、その訴訟の結果が確定するまでの間、取締役がその行為をなすおそれがあるときは、裁判所に対しその行為の不作為を命ずる仮処分の申立をすることもできる（民保23②）。

② 事後の損害の回復——株主代表訴訟

　取締役等の行為により、会社に損失が生じた場合、その責任は、本来、職務を委任している会社が追及すべきである。もし、会社が追及しない場合、会社に生じた損害は回復されず、結果として、株主の損失となってしまう。

　そこで会社法は、個々の株主に、会社のために取締役等の責任を追及することを認めている（会847）。これを株主代表訴訟という。

(1) 代表訴訟の対象

　代表訴訟の対象としては、まず、①発起人・設立時取締役・設立時監査役・役員等（取締役・会計参与・監査役・会計監査人・執行役）・清算人の責任の追及（会423）があげられるが、この任務懈怠責任に限定されることなく、取締役の会社に対する取引債務についての責任も含まれる（最三判平成21・3・10民集63巻3号361頁）。このほか、②違法な利益供与がなされた場合に、利益供与を受けた者からの利益の返還（会120）、③不公正な価額での株式・新株予約権引受の場合の出資者の差額支払い、出資が仮装された場合の引受人等からの支払い、及びその職務を行った取締役等の支払い（会102の2①、212①、213の2①、285①、286の2①）がある。

⑵　原告適格

　この株主代表訴訟の原告となることができる株主（原告適格）は、公開会社では6か月前（定款で短縮できる）から引き続き株式を有する株主である。非公開会社では保有期間の制約はない。また、単元未満株式の株主については、定款で原告となることができない旨を定めることができる（会189②、847①）。

　株主代表訴訟を提起した後、もしくは共同訴訟参加した後に、株主でなくなった場合には、原則として訴訟を継続することはできない。しかし、①株式交換・株式移転によりその会社の完全親会社の株主となったとき、②その会社が合併により、合併後に存続する会社またはその会社の完全親会社の株主となったときは、訴訟を継続することができる（会851）。また、①との整合性をとるため、提訴より先に株式交換等があったときは、株式交換前の株主は株主代表訴訟の原告となることができる（会847の2）。

⑶　株主代表訴訟の手続き

　株主が取締役等の責任を追及するには、まず、株主より書面その他法務省令で定める方法（会規217）により、会社が取締役等に責任追及等の訴えを提起するよう請求する。この請求を受けるのは、監査役設置会社では監査役・監査等委員会設置会社では監査等委員・指名委員会等設置会社では監査委員である。なお、当該株主もしくは第三者の不正な利益を図り、又は会社に損害を加えることを目的とする場合には請求できない。

　この株主からの請求の後、60日以内に会社が訴えを提起しない場合は、株主は取締役等に対し、債務を会社に対して履行するよう、訴えを提起することができる。また、会社に回復できない損害が生じるおそれがあるときは、会社に対する訴えの提起の請求をせずに、株主は直ちに訴えを提起することができる。この訴えは、会社の本店所在地を管轄する地方裁判所の管轄に専属する（会848）。しかし、株主による訴えの提起が悪意である（不当な目的、不当訴訟である）と被告が疎明したときは、裁判所は被告に対し相当な担保の提供を命ずることができる（会847の4②③）。

　株主からの請求の後、60日以内に会社が訴えを提起しない場合に、請求した株主または取締役等から請求を受けたときは、遅滞なく、会社は訴えを提

起しない理由を書面その他法務省令で定める方法により、通知しなければならない。

　いわゆる馴れ合いの訴訟を防ぐため、会社が提起した訴訟には株主が、株主代表訴訟には会社や他の株主が原告側に共同訴訟参加することができる（会849）。株主が代表訴訟を提起したときは、遅滞なく、会社に対して訴訟告知をしなければならない。また、会社が、取締役等に責任追及の訴えを提起したとき、または、この訴訟告知を受けた場合は、遅滞なく、訴えの提起をした旨を公告し、または株主に通知をしなければならない。

　会社が被告である取締役等側に補助参加するには、監査役設置会社では監査役・監査等委員会設置会社では監査等委員・指名委員会等設置会社では監査委員の全員の同意が必要である。

(4)　判決の効力

　株主代表訴訟は、会社のために訴えを提起するものであり、判決の効力は会社に及ぶ。したがって、原告となった株主が勝訴したときは、敗訴した取締役等は会社に対して損害を賠償する。会社が損害を回復することで、結果的に株主の損害が回復される仕組みである。

　もっとも、原告株主が勝訴したときは、株主が負担した必要な費用・弁護士報酬のうち相当と認められる額の支払いを会社に請求することはできる（会852）。また、敗訴した原告株主に、悪意があった場合には損害賠償責任を負う。

　なお、判決が確定しても、当事者の共謀による詐害的な訴訟であったときは、当事者でなかった会社・株主は、再審の訴えを提起することが認められている（会853）。

(5)　訴訟上の和解

　株主代表訴訟で、訴訟上の和解をすることが認められる。和解により、取締役等の責任を免除することとなるときも、総株主の同意は不要である（会850④）。なお、監査役設置会社では監査役・監査等委員会設置会社では監査等委員・指名委員会等設置会社では監査委員の全員の同意を得る必要がある

（会849の2）。

　会社が和解の当事者でないときは、会社の承認が必要である。裁判所は、会社に対し、和解の内容を通知するとともに、その和解に異議があるときは2週間以内に述べるべきことを催告する。この期間内に会社の異議がなければ、会社は和解を承認したものとみなされる（会850）。

⑹　多重代表訴訟

　子会社の取締役等が任務懈怠等により会社に損失を与えた場合に、株主代表訴訟により責任追及する株主は親会社となる。しかし、親会社が子会社の取締役等の責任を追及しないことが考えられる。この場合、子会社に損失が残るが、企業グループ全体でみると、最終完全親会社の損失でもあり、結果として最終完全親会社の株主の損失でもある。

　そこで会社法は、最終完全親会社の株主に、完全子会社・完全孫会社の取締役等に対し、株主代表訴訟を提起することを認めている。これを多重代表訴訟という。

　多重代表訴訟の対象となる取締役等の責任は限定されており（会847の3）、特定責任という。また、多重代表訴訟での原告適格は、公開会社では、6ヵ月前から引き続き最終完全親会社等の総株主の議決権の1%以上の議決権を有する株主、または最終完全親会社等の発行済株式の1%以上の数の株式を有する株主である（保有期間と保有割合は定款で縮小できる）。また非公開会社では、保有期間の制約はない。

　原告適格を有する株主は、当該子会社等に対し、特定責任追及の訴えを提起するよう請求することができる。手続・判決の効力・訴訟上の和解については、株主代表訴訟と同様である。

③　業務執行に関する検査役

⑴　業務執行に関する検査役の選任

　会社の業務執行に関し、不正の行為または法令・定款に違反する重大な事実があることを疑うに十分な事由があるときは、株主は裁判所に対して会社の業務及び財産の状況を調査させるための検査役の選任を求めることができ

る（会358）。

　選任を申し立てることができる株主は、総株主の議決権の3%以上の議決権を有する株主、または発行済株式の3%以上の株式を有する株主である（割合は定款で軽減できる）。

　この申立があったときは、裁判所は、不適法として却下する場合を除き、検査役を選任しなければならない。

(2)　業務執行に関する検査役の調査

　選任された検査役は会社の業務及び財産の状況を調査するが、その職務を行うために必要があるときは子会社の業務及び財産の状況も調査することができる。

　検査役は調査を行い、調査の結果を記載・記録した書面・電磁的記録を裁判所に提供して報告しなければならない。この報告をしたときは、会社及び検査役の選任を求めた株主に対し、書面の写し・電磁的記録を法務省令に定める方法（会規229）により提供しなければならない。

　裁判所は、この報告の内容を明瞭にし、またはその根拠を確認するため必要があるときは、検査役に対し、追加の報告を求めることができる。

(3)　裁判所による株主総会招集等の決定

　裁判所は、検査役の報告により、必要があると認めたときは、取締役に対し、株主総会の招集、及び検査役の調査結果を株主に通知することを命ずることができる（会359）。

　裁判所に招集が命ぜられた株主総会を招集したときは、取締役は検査役の報告を株主総会で開示しなければならない。また、取締役は検査役の報告の内容を調査し、その結果を株主総会で報告しなければならない。

第5章 指名委員会等設置会社と 監査等委員会設置会社

　第4章では、株式会社の従来型ガバナンスとして、「監査役を設置すること
ができる会社」をベースとしてみてきた。多くの株式会社はこの従来型であ
る。しかし、我が国の会社法は、これ以外のガバナンスとして、「指名委員会
等設置会社」「監査等委員会設置会社」を設けている。

　では、なぜ、3種類もガバナンスを設けているのだろうか。従来型だけで
はいけないのか、従来型に問題があるのであれば、なぜ、従来型を改めたり
廃止したりしないのだろうか。

　本章では、「指名委員会等設置会社」「監査等委員会設置会社」の意思決定、
業務執行と監督についてみることにしよう。

1．指名委員会等設置会社

1 従来型の会社でのガバナンスの問題点

　これまでみてきたように、従来型である監査役を設置することができる会
社の取締役会は、業務執行の意思決定、業務執行の監督、代表取締役の選定
と解職を担うほか、株主総会に提出する議案を決定する。

　ところで、代表取締役は、会社を代表して一切の裁判上および裁判外の行
為をすることができ、代表取締役の行為は会社にその効果が帰属することと
なる。いわば、会社のトップである。代表取締役は取締役の一員であるから、
取締役会のメンバーとなる。取締役会は、代表取締役の選定・解職権を持ち、
代表取締役の業務執行を監督し、取締役の選任議案を決定するが、「取締役会
に監督される代表取締役」が取締役会の主要メンバーとなるという状態が発
生することとなる。

　また、取締役の業務執行を監査する監査役は、株主から経営者として選任されたのではなく、取締役会での議決権は有さないから、取締役会での意思決定の妥当性に踏み込み、決定を阻止することはできない。これらから、従来型の取締役会について、意思決定の妥当性確保のための機能と監督機能が十分なのか疑問を持たれることとなった。

②　指名委員会等設置会社の導入

　平成14年に当時の商法特例法で、委員会等設置会社が導入された。なお、名称は、その後、平成17年商法改正により「委員会設置会社」に変わり、平成26年会社法改正で「指名委員会等設置会社」に変わっている。

　指名委員会等設置会社とは、定款で定めることにより、指名委員会、監査委員会、報酬委員会、執行役を設ける会社である（会2十二）。公開会社かどうかは問わないが、取締役会設置会社であり、会計監査人設置会社である必要がある。

　従来型の監査役を設置することができる会社での問題点を解消すべく、この指名委員会等設置会社では、社外取締役を中心とする委員会を設けた。取締役の指名、報酬の決定について従来の代表取締役の影響力を排除し、また、監査についても取締役会の議決権を有する取締役による監査を採用している。また、アメリカ型のモニタリングシステムを採用していると言われるように、業務執行を執行役に委ね、取締役は業務執行の監督を行うという「執行と監督の分離」を採用するとともに、執行役の意思決定には会社法上の会議体を要求せず、よって「機動的な意思決定」が可能となった。

　会社が指名委員会等設置会社となるのは会社の任意であり、導入するには定款で定める。指名委員会等設置会社は、従来型の監査役を設置することができる会社に比べ、コーポレートガバナンスが強化されているが、この指名委員会等設置会社を採用する会社は少数に止まり、2021年4月現在でも77社しかない。しかし、指名委員会等設置会社となる会社は、主に日本を代表する企業である。

③　指名委員会等設置会社の取締役会

(1)　取締役

　指名委員会等設置会社の取締役は、株主総会の決議により選任される（会329）。会社が提案する取締役選任議案の内容を決定する権限は指名委員会にある（会404①）。任期は、選任後1年以内の最終の事業年度に関する定時株主総会終結の時までである（会332⑥）。取締役は、支配人その他の使用人を兼任することは認められない（会331④）。しかし、執行役を兼任することが認められており、完全に「執行と監督の分離」が行われているとは言い難い。

(2)　取締役会

　指名委員会等設置会社の取締役会の職務は、経営の基本方針など会社法で定められている基本的な業務執行の決定（会416①）、委員会の委員の選定・解職（会400②、401①）、執行役の選定・解職である（会402②、403①）。

　業務執行の意思決定については、会社法で定められている事項を除き、取締役会の決議により執行役に決定を委任することができる（会416④）。なお、取締役には委任することができない。

　取締役会の招集者を定款で定めていても、各委員会が委員から選定する取締役は、取締役会の招集権を持つ（会417①）。また、執行役は、会議の目的事項を示して、取締役会の招集を請求することができ、招集されないときには自ら招集することもできる（会417②）。

　各委員会が委員から選定する取締役は、遅滞なく、その委員会の職務の執行状況を取締役会に報告しなければならない（会417③）。また、執行役は、3か月に1回以上、自己の職務の執行状況を取締役会に報告しなければならない（会417④）。また、取締役会の要求があったときは、執行役には取締役会に出席し、説明をしなければならない（会417⑤）。

④　委員会

(1)　委員会の構成

　各委員会の委員は取締役会の決議で選定・解職する。各委員会は、3名以

上の取締役で構成し、過半数が社外取締役でなければならない（会400）。複数の委員会の委員を兼務することができるため、各委員会が3名の取締役で構成される場合、2名の社外取締役を選任すれば、指名委員会等設置会社となることができる。

監査委員は、その会社・子会社の執行役または業務執行取締役、子会社の会計参与、支配人その他の使用人を兼務することはできない。

各委員会は各委員が招集する。また、取締役は各委員会の議事録の閲覧・謄写が可能である。

(2)　指名委員会

指名委員会は、会社が株主総会に提出する取締役の選任・解任に関する議案を決定する（会404①）。また、会計参与はすべての株式会社に設置可能であるため、会社法上は会計参与の選任・解任に関する議案の決定も指名委員会の権限であるが、指名委員会等設置会社には会計監査人の設置が強制されることから、実務的には会計参与を設置することはない。また、執行役の選任・解任は、取締役会の権限である。

(3)　監査委員会

監査委員会は、取締役、執行役および設置されている場合には会計参与の職務執行の監査および監査報告の作成を行う（会404②）。

監査委員は取締役であり、違法性監査に止まらず、妥当性監査も行う。各監査委員は、取締役等に対する違法行為差止請求権を有し、監査委員会が選定する監査委員は、取締役等に対し訴えを提起する権限を有する。

(4)　報酬委員会

報酬委員会は、取締役、執行役および設置されている場合には会計参与の個人別報酬の決定方針を定め（会409①）、その方針に従い、各個人別の報酬を決定する（会404③）。この決定は、代表執行役等に一任することはできない。

⑤　執行役

⑴　執行役とは

　執行役は、取締役会決議により委任された事項の業務執行の決定を行い、業務執行を行う（会418）。取締役会により選任・解任され、任期は選任後1年以内の最終の事業年度に関する定時総会の終結後に、最初に開催される取締役会の終結の時までである（会402）。選任決議に瑕疵があるときは、仮処分による職務執行停止、職務代行者の選任が可能である。

　執行役が2名以上置かれる場合には、その職務の分掌、指揮命令関係は取締役会が定める（会416①一ハ）。

⑵　会社との関係

　会社と執行役との関係は、委任関係である（会402③）。このため、執行役は善管注意義務を負うほか、忠実義務を負う。執行役も取締役と同様に、競業避止、利益相反取引の規制を受ける。但し、自己の指揮下にある執行役を別として、他の執行役に対する監視義務は負わない。

⑶　代表執行役

　従来型の監査役を設置することができる会社での代表取締役同様に、代表執行役は会社を代表して裁判上および裁判外の一切の行為をする権限を有する（会420③）。

　会社に執行役が1名のみ置かれているときは、その者が代表執行役となる（会420①）。2名以上執行役が置かれているときは、取締役会決議により代表執行役を選定する。執行役の解職についても、取締役会決議による。なお、表見代表執行役の規定がある（会421）。

2．監査等委員会設置会社

1　監査等委員会設置会社の導入

　このように、従来型の監査役を設置することができる会社の問題点を解消するために、指名委員会等設置会社を設けたものの、これを導入した会社は限られた。指名委員会等設置会社の導入が進まない理由としては、やはり日本企業では就職した者が社内でキャリアを積み、取締役となるというスタイルがあり、社外取締役が重要な意思決定を主導する委員会制が企業文化になじまないこと、また、適任である社外取締役の人選が困難であるとの背景があげられる。

　しかし、従来型の監査役を設置することができる会社のガバナンスに対しての投資家の問題意識は強い。特に、社内出身の取締役が経営の監督にあたることが課題であった。この点、会社法は社外監査役を強化してきたが、社外監査役が取締役会に出席することで、取締役会の透明感と緊張感は得られたものの、監査役は取締役会の議決権を有していないことから、社外監査役のガバナンスへの貢献には限界がある。また、会社によっては、取引先から社外取締役・社外監査役を選任するなど、社外役員の独立性にも疑問があった。

　そこで、平成22年度から、東京証券取引所は上場会社を対象に、一般株主と利益相反が生じるおそれのない社外取締役または社外監査役を独立役員として、1名以上選任するよう求めることとした。しかし、社外監査役を独立役員とすることもできることから、社外監査役の独立性確保にはなるものの、社外役員の経営参加への促進にはならなかった。

　平成26年会社法改正で、有価証券報告書提出会社には、社外取締役を選任しない場合には、株主総会において社外取締役を置くことが相当ではない理由を説明することを義務付けた。また、東京証券取引所は、上場規則で、取締役である独立役員を1名以上確保する努力義務を規定した。平成27年のコーポレートガバナンス・コードでは2名以上の独立社外取締役の選任が求められた（なお、令和3年改訂により、プライム市場に上場する会社では、3分の1以上

の独立社外取締役の選任が求められることとなった）。

　このため、上場会社では、社外取締役を 2 名以上選任する必要が生じた。従来型の監査役を設置することができる会社の場合、公開会社である大会社には監査役会の設置が義務づけられていることから、社外監査役を 2 名以上選任する必要がある。この場合、社外監査役 2 名に、社外取締役 2 名を加え、社外役員を 4 名選任しなければならない。

　監査等委員会設置会社では、監査役を設置せずに、社外取締役が過半数となる監査等委員会を設置するため、この社外役員の選任問題を解消することが可能である。監査等委員会設置会社とは、定款で定めることにより、監査等委員会を設ける会社である（会 2 十一の二）。公開会社かどうかは問わないが、取締役会設置会社であり、会計監査人設置会社である必要がある。

　指名委員会等設置会社と異なり、業務執行は執行役でなく代表取締役が担う。指名委員会、報酬委員会も置かない。もっとも、任意で、指名報酬委員会を置く会社も多いが、最終的な意思決定は取締役会に委ねられる。他方、監査等委員は取締役であるから、違法性監査のみならず、妥当性監査もでき、取締役会において議決権を行使することにより経営に参加することができる。また、監査等委員会を 3 名の取締役で構成すれば、2 名の社外取締役を選任すればよいこととなる。

　会社が監査等委員会設置会社となるのは会社の任意であり、導入するには定款で定める。上場会社を中心に、従来型の監査役を設置することができる会社から、監査等委員会設置会社への移行が進んでいる。

② 監査等委員会設置会社の取締役会

(1) 取締役

　監査等委員会設置会社の取締役は、株主総会により選任される。指名委員会等設置会社と異なり、会社が提出する取締役選任議案は、取締役会にて決定される。

　監査等委員となる取締役と、それ以外の取締役は区別して選任しなければならない（会 329②）。監査等委員となる取締役は、監査等委員会設置会社またはその子会社の業務執行取締役、支配人その他の使用人、その子会社の会計

参与、執行役と兼務することはできない（会331③）。

　監査等委員となる取締役の任期は、選任後2年以内の最終の事業年度に関する定時株主総会の終結の時までである。監査等委員以外の取締役は、「2年」が「1年」となる（会332③）。

(2)　取締役会

　監査等委員会設置会社の取締役会は、業務執行の決定として、①経営の基本方針の決定、②監査等委員会の職務の執行のために必要な事項、③内部統制システムの整備、および、取締役の職務執行の監督、代表取締役の選定と解職である（会399の13）。しかし、取締役の過半数が社外取締役である場合は、取締役会決議により重要な業務執行の決定事項の一部を取締役に委任することができる。また、定款で定めることにより、重要な業務執行の決定事項の一部を取締役に委任することができる。

　取締役会の招集については、定款で定めた者のほか、監査等委員会が選定する監査等委員も招集することができる（会399の14）。

③　監査等委員会

　監査等委員会は、株主総会において監査等委員として選任された取締役全員により組織される（会399の2①、②）。監査等委員の過半数は社外取締役でなければならない（会331⑥）。

　監査等委員会の職務は、①取締役、選任されている場合は会計参与の職務執行の監査および監査報告の作成、②会計監査人の選任、解任、不再任の議案の決定、③取締役選任、解任、辞任に関する意見があるときは、その決定、④取締役の報酬等に関する意見があるときは、その決定、である（会399の2③）。なお、監査等委員となる取締役の選任議案に対する意見陳述権を有する（会342の2①）。

　また、監査等委員会設置会社では、監査等委員以外の取締役が利益相反取引をする場合に、監査等委員会の承認を得たときは、任務懈怠の推定は適用されない（会423④）。

第6章　資金調達の仕組み

　株式会社は、設立時に出資者から資金の拠出を受け、ビジネスの元手とする。しかし、会社のビジネスの規模が大きくなるにつれ、さらにビジネスの元手となる資金が必要となることも多い。

　この資金調達には、債務による調達と、資本となる調達がある。会社の経営に必要な資金の調達は、経営者の業務執行にあたる。しかし、債務となる社債の発行と、資本となる募集株式の発行について、会社法は規定を置く。特に、募集株式の発行については、株主に関与を認めることがある。この理由はなにか。

　本章では、会社の設立後に、さらに資金を調達する方法についてみることにしよう。

1．債務と出資の違い

1　会社の資金調達

　ビジネスをするには、資金が必要である。資金が多ければ、ビジネスの規模を大きくし、利益も大きくなるだろう。株式会社は、このビジネスのための資金を、少額ずつでも多数の人から出資してもらうことで、多額の資金を得る仕組みである。

　会社は、設立時に出資者より払込を受け、資金を確保し、ビジネスを開始する。ビジネスにより利益を得れば、その利益をビジネスに再投資して、ビジネスの規模を少しずつ大きくすることもできる。しかし、ビジネスの規模が大きくなるにつれ、設備や人材雇用などの投資規模が大きくなり、必要な資金もさらに増える。このような場合、経営者である取締役は改めて資金を

調達することになるが、その手法としては、主に、①債務（dept＝デット）、②出資（持分、equity＝エクイティ）に分けることができる。

⑴　債務

　債務の代表例としては、金融機関からの融資があげられる。この融資は、無担保融資、担保付融資に分けられるほか、保証協会の保証が付される融資もある。上場会社など信用力の高い会社は無担保融資であることも多いが、中小企業などでは担保付融資であることが多い。しかし、伝統的な重厚長大産業であれば、担保適格の不動産などを所有しているが、サービス産業などでは不動産などを持たない企業も多い。そこで、原材料や製品、売掛債権を担保とする ABL（Asset Based Lending）の利用も増加している。

　また、会社が社債を発行して投資家から資金を借りることもある。多くの投資家に対し募集して、社債を公募発行することもあるが、金融機関など機関投資家向けに発行するプロ私募債、または取引先など少数の者に対して発行する少人数私募債もある。会社法第四編では社債に関して規定を置いている。

⑵　出資

　これに対し、出資とは、新株式の発行である。株式会社は、設立後も、株式を発行して資金を調達することができる。設立時に発行した株式も、設立後に新しく発行する株式も、同じ種類の株式であれば、株式の均一性が示す通り、同じ内容であり、同じ価値の株式である。新しく発行する株式に出資する者も既存の株主と同じ自益権、共益権を有する。

②　債務と出資の差異

　債務による資金調達（デット・ファイナンス）では、原則として会社は債権者に対し、約定の返済日（社債では償還日）に元金を返済しなければならないし、ビジネスの成否にかかわらず約定の利息を支払わなければならない。他方、約定通り元利金を支払っている限り、債権者は会社の経営には参加しない。

　これに対し、出資による資金調達（エクイティ・ファイナンス）では、原則と

して会社は株主に対し出資の払い戻しはしない。ビジネスの成否により剰余金の配当を行うこともあるが、一定額を配当しなければならないとか、必ず配当をしなければならない、というものでもない。他方、出資者は株主として権利を行使することにより、会社の経営に参画できる。例えば、原則として、株主は経営者の選任に参加するなど会社の基本的な意思決定を行う株主総会で議決権を行使することができる。また、経営者である取締役などを監督することもできる。

このように、債務による資金調達と、出資による資金調達は異なる。ただ、会社が実際に資金調達をする場合には、資金の提供者を探さなければならない。特に中小企業で出資者を得るのは困難であることから、金融機関からの融資に依存することが多く、過少資本であるのも現実である。

なお、新株発行には、会社法199条以下の手続きにより発行する「通常の新株発行」と（自己株式の処分も同じ手続で行われる）、無償割当、吸収合併、吸収分割、株式交換等による「特殊の新株発行」があるが、本章では通常の新株発行について説明する。

2. 社債を発行して資金を得る

1 規律の必要性

株式会社に限らず、会社は社債を発行することができる。社債とは、会社法の定めにより、会社が行う割当てにより発生する会社を債務者とする金銭債権であって、676条各号に掲げる募集事項の定めに従い償還されるものである（会2二十三）。

このように、社債は金銭債権であり、この点において、金融機関等からの融資と変わりがない。しかし、金融機関等からの融資については、多額の借財にあたる場合に取締役会の決議を求める（会362④二）ものの、会社法には融資そのものについての規律はない。では、なぜ、社債については、会社法で規律するのだろうか。

この理由として、第一に、社債を有価証券化するため（電子化される社債もあ

る）、第二に、社債には多数の者に対して発行するという集団性があり、発行について規律を設ける必要があること、また、多数の社債を保有する者（社債権者）を保護し集団的な取扱いをする必要があること、があげられる。

2 株式会社における社債の発行

(1) 発行手続の概要

　株式会社が社債を発行するには、従来型の会社で取締役会設置会社では、取締役会で676条の募集事項の決議が必要である（会362④五）。監査等委員会設置会社では、一定の場合には取締役に委任できる（会399の13⑤、⑥）、指名委員会等設置会社では、取締役会の決議により執行役に委任できる（会416④）。

　社債権者を保護するため、原則として、社債管理者を設置し、社債の管理を委託しなければならない（会702）。しかし、社債権者が大口投資家のみである場合として、各社債の金額が1億円以上である場合、または、社債権者が少数である場合として、その種類の社債の総額を社債の金額の最低額で除した数が50未満である場合には、社債管理者の設置は不要である。

　なお、令和元年改正で、社債管理者が設置されない社債につき、破産手続・再生手続・更生手続に参加するなど、社債権者のための行為をする社債管理補助者を会社の任意で設置できることとされた（会676七の2、八の2、714の2から7）。

　総額引受けの場合を除き、原則として法定事項を通知して引受けの募集をし、申込者に対して割当てを行う。割当てにより、申込者は社債権者となる（会676から678、680）。なお、金融商品取引法の規制により、目論見書を交付した場合には、法定事項の通知は不要となる（会677④）。

(2) 社債の発行

　会社が募集要項で定めたときのみ、社債券を発行する（会676六）。なお、株式同様に、社債の電子化も行われており、振替社債という（社債等の振替に関する法律）。

　会社は法定事項が記載された社債原簿を作成し、本店に備え置き、社債権者・株主等の閲覧・謄写に供する（会681、684）。社債券を発行しない場合は、

無記名社債を除き、社債原簿への記載が譲渡の会社及び第三者に対する対抗要件となる（会688①）。なお、社債の質入れの対抗要件も定められている（会693）。

(3)　社債の利息及び償還

　社債権者は、募集事項で定められた、社債利息、社債の期限到来による償還を受ける権利を有する。利息請求権には5年の時効、償還請求権には10年の時効が定められている（会701）。

　なお、会社はいつでも社債を買入れ、消却することができる。

(4)　社債権者集会

　社債権者を保護するため、社債の期限利益の喪失、資本金減少・合併等に対する異議など、社債権者の利害に関する事項につき、社債権者の意思を決定するため、社債権者集会が用意されている（会715、716）。

　社債権者集会は、必要な場合に、会社、社債管理者が招集する（会717）。また、ある種類の社債の総額（償還済みの額を除く）の10分の1以上の社債を有する社債権者も、会社または社債管理者に対し、社債権者集会の目的事項及び招集の理由を示して、招集を請求することができ、また、招集されない場合は裁判所の許可を得て、招集することができる（会718）。

　社債権者集会では、保有する社債金額に応じて議決権を有する（会723①）。決議には、原則として、出席した議決権者の議決権の2分の1を超える議決権を有する者の同意が必要である（会724①）。一定の重要事項については、議決権者の議決権の総額の5分の1以上で、かつ、出席議決権者の総額の3分の2以上の議決権を有する者の同意が必要である（会724②）。この社債権者集会の決議は、裁判所の認可を受けなければ、効力は生じない（会734①）。

3．株式を発行して資金を得る

1　規律の必要性

　債務による資金調達であっても、出資による資金調達であっても、ビジネスに必要な資金の調達であるから、経営事項であり、本来であれば経営者である取締役が決定し、業務執行として資金を調達すればよさそうなものである。

　融資であれば、取締役会の決議により意思決定ができ、取締役が業務執行として会社と金融機関等との間の金銭消費貸借契約を締結すればよい。社債の発行であっても、取締役会の決議などにより意思決定ができ、社債を発行することができる。

　しかし、出資による資金調達の場合、新株の発行の内容により、株主による制約を受けることがある。主な制約内容としては、①非公開会社では、新株の発行は原則として株主総会の決議事項である、②公開会社であっても、新株の引受人に特に有利な払込金額で発行する場合は、株主総会の決議事項である。の二点である。

　なぜ、同じ資金調達であるのに、経営者だけで決定することはできず、株主総会の決議が必要となるのか。それは、新株の発行により、従来の株主の利益を損なうことがあり得るため、従来の株主を保護する必要から、株主の意思を問うためである。もし、従来の株主を保護しないとすると、設立時に株主になろう、または、これから成長しようとする会社の株主になろう、という投資家はいなくなる。これは、株式会社という仕組みが利用されなくなることにつながるのである。

2　非公開会社での新株発行

(1)　株主割当

　非公開会社は、比較的小規模な株式会社が多い。このために、株主の関心は、誰が経営者であるか、という点である。経営者である取締役は、株主総

会で決定されることから、ここで議決権割合が重要となってくる。もし、発行に際し、一部の株主が引受けたり、これまで株主でない者が引受けたりすると、この議決権割合が変化する。これにより、経営者が変わるということにもなりかねない。そこで、非公開会社での新株発行は、議決権割合を変化させないよう、株主割当を原則としている（会202）。

　この株主割当とは、株主が保有している株式数に比例して、新株を割り当てるものである。例えば、発行済株式数が100株の場合に、新株を100株発行しようとする。30株保有している株主Aには新株を30株割当て、20株保有している株主Bには新株を20株割り当てるものである。株主には割り当てられた新株を引き受ける義務はない。しかし、仮にすべての株主が新株を引き受けると、各株主が所有している株式の割合は変わらず、よって議決権割合は変わらないこととなる。新株を引き受けない株主がいれば、その株主の議決権割合は下がるが、その株主本人の権利放棄であるから致し方ない。

　株主割当により新株を発行する場合でも、原則として募集事項につき株主総会の特別決議が必要である。これは、新株の引受けを望まないにもかかわらず、議決権割合が下がることを避けるために、新株の引受けを事実上強制されるおそれがあるためである。もっとも、あらかじめ定款で、取締役会の決議（取締役会を置かない会社では取締役）と定めることができる。

(2)　第三者割当

　非公開会社では株主割当による新株発行が原則であるが、株主の個人財産には限界があるところ、会社の成長に伴い、既存の株主からの資金調達に限界が生じる。このため、株主割当でない方法で、新株を割り当てる発行方法として、第三者割当が設けられている。第三者といっても既存の株主であってよい。既存の株主だけを対象に、所有比率が変わる内容で新株を割り当てる場合も、第三者発行である。

　第三者発行による新株を発行する場合も、株主総会の特別決議が必要である（会199②）。また、引受人にとって特に有利な払込金額にあたる場合は、公開会社の規律と同様である。

③　公開会社での新株発行

⑴　時価による新株発行

　非公開会社では、既存の株主の議決権割合の保護というテーマがあった。しかし、公開会社では株式を自由に売買できるから、株式を取得することで議決権を増やすこともでき、よって、新株発行時点で株主の議決権割合の保護を図る必要性は乏しい。

　しかし、新株発行に際して、株主割当以外の方法で発行する場合には、既存の株主が所有する株式の経済的価値を維持することが必要となる。

　会社は設立後、事業活動を行い、利益・損失を生じることにより、会社の純資産が増減する。これに伴い、株式の価値は、設立時の払込金額に止まるものではなく、設立時に比べ増減することになる。

　例えば、1株5万円で200株を発行し、1,000万円の資金で事業を始め、その後の事業活動で会社は2,000万円の価値となったとしよう。200株で2,000万円の価値であるから、1株あたりの価値は10万円となっている。

　このときに、新株を設立時と同様に1株あたり5万円で200株を発行したらどうなるだろうか。新たに得られる資金は1,000万円であり、発行後の会社の価値は3,000万円となる。これに対し、新株発行後の発行済株式総数は400株となるから、1株7万5,000円の価値となる。つまり、新株発行により、既存株主の株式の価値は10万円から7万5,000円に下がったこととなる。これに対して新株は5万円で払い込んだのに7万5,000円の価値となる。

　株主割当であれば、既存株主に対し、所有している株式の数に応じて新株を割り当てているので、この例の場合でも、新株発行後すべての株主の価値が等しく下がることとなり、株主間で経済的利益の移転はおきない。しかし、株主割当以外の方法で新株発行をすると、このように既存株主の経済的利益の一部が、新株発行で株主となった者に対し移転することがおきる。これは、既存株主の利益を損なうものである。

　これを防ぐには、この例であれば、新株発行の払込金額を、現在の1株あたりの価値である10万円に設定すればよい。つまり、株主割当以外の方法で、新株を発行する場合には、会社の時価によることが必要である。

　そこで公開会社では定款で定める発行可能株式総数の範囲内で、この時価で新株を発行する場合には、公募、第三者割当ともに取締役会で決定することができる（会201）。

(2)　引受人にとって特に有利な払込金額の場合

　しかし、大きな金額の資金調達の場合などで、引受人を円滑に募集するため、時価よりもディスカウントして発行することがある。この場合は、既存株主の利益を損なうこととなるので、新株引受人にとり特に有利な払込金額として、株主総会の特別決議が必要となる（会201①）。株主総会で払込金額の下限だけを定めて、具体的な決定は取締役会に委ねることもできる。この委任は1年間有効である。

　ここで問題となるのが「時価」である。上場会社では、過去の売買取引価格が判明しているので、これを用いればよい。証券業界の自主ルールであるが、「株式の発行に係る取締役会決議の直前日の価額（直前日に売買がない場合は、当該直前日からさかのぼった直近日の価額）に0.9を乗じた額以上の価額であること。ただし、直近日又は直前日までの価額又は売買高の状況等を勘案し、当該決議の日から払込金額を決定するために適当な期間（最長6か月）をさかのぼった日から当該決議の直前日までの間の平均の価額に0.9を乗じた額以上の価額とすることができる」（日本証券業協会「第三者割当増資の取扱いに関する指針」2010年）とされており、裁判所も尊重している。

　しかし、非上場会社では、売買の実例も少なく、時価の把握が難しい。株価を評価する手法としては、純資産評価法、類似業種比準法、ディスカウント・キャッシュ・フロー法（DCF法）などがあるが、決め手には欠け、さまざまな手法による評価額を加重平均して決定することも多い。

(3)　支配株主が交代する場合

　新株発行により議決権割合が大きく変動し、支配株主が交代することとなると、既存株主からみれば会社が買収される場合と同視できる重要な問題となるため、一定の場合には、株主総会の普通決議を必要とすることとした（会206の2）。

　この一定の場合とは、ある新株の引受人の既存の議決権数と、新株発行により引き受ける議決権の数の合計が、既存の株式の議決権と新株発行の株式の議決権の合計の、2分の1を超える場合をいう。ただし、引受人が発行会社の親会社等である場合は、実質的な支配株主の変化がないため適用されない。株主割当による場合も規制の対象とはならない。

④　発行手続

　新株発行手続では、まず、募集事項を決定する（会199から202）。公開会社では、取締役会にて決定する（監査等委員会設置会社では一定の場合に取締役に委任でき（会399の13⑤⑥）、指名委員会等設置会社では執行役に委任できる（会416④））。非公開会社では、原則として株主総会が決定するが、定款で取締役会決議（取締役会を設置しない会社では取締役の決定）によると定めることができる。払込人にとり特に有利な払込金額であるときは株主総会の特別決議が必要である。

　株主割当の場合には、会社法は求めていないが、株主割当を受ける株主を確定するための基準日を設けるのが一般的である。

　公開会社では、既存株主に、新株発行差し止めの機会を与えるため、会社は払込期日または払込期間初日の2週間前までに募集事項を公告または株主に通知しなければならない。但し、金融商品取引法に基づく届出を行っている場合は不要である。

　新株を引受けようとする者に対し会社は新株の内容を通知し（会203①）、申込者は書面または電磁的方法により申込む。この際、払込金額と同額の申込証拠金を添えて申し込むのが一般的であり、申込証拠金は払込に充当される。

　会社は、申込みがあると、新株を割当てる（会204）。もし、申込が発行予定株数を超えた場合は、会社はどのような方法で誰に割り当ててもよい（割当自由の原則）。なお、株主割当では、期日までに申込みがなかった株主は失権する。

　申込者は払込により株主となる（会209①）。

⑤　新株発行の瑕疵

　新株発行の手続等に法令・定款違反などの瑕疵があった場合は、その新株

発行は本来無効である。そこで、会社法は、新株の効力発生前に、新株発行の差止めのための制度を設けている。しかし、新株の効力が一旦生じると、株式は流通を開始する。このため、事情を知らない第三者を保護する必要があり、会社法は新株発行の無効については制限的に考えている。ただし、この場合には新株を発行した取締役等の責任を追及する仕組みを設けている。

(1)　新株発行の差し止め

　会社が法令・定款に違反し、または著しく不公正な方法で新株を発行し、これにより既存の株主の利益を損なう場合には、新株の発行前に、株主は会社に対して新株発行の差し止めを求めることができる（会210）。会社が新株発行を取り止めないときは、株主は訴訟により差し止めを求めることができ、仮処分を求めることもできる。

　公開会社では原則として取締役会にて新株を発行することができ、その結果、株主総会での議決権割合が変動する。そこで、買収に対抗するため経営者と提携する者に対して第三者割当による新株発行を行い、経営者側に有利な議決権行使を期待する場合、少数株主権の行使を妨げるために新株発行を行う場合などが、「著しく不公正な場合」にあたるとして、争われることがある。裁判所は、現経営者の支配権維持が主要な目的か否かにより判断（「主要目的ルール」）している。

(2)　新株発行無効の訴え

　新株発行・自己株式の処分後、株主は、新株の無効を主張するときは、新株発行（または自己株式処分）無効の訴えによらなければならない（会828）。この場合の無効原因については限定的に解されている。具体的には、授権株式数を超過した新株発行や定款の認めていない種類の株式を発行した場合、募集事項・公告を欠いた場合、また、非公開会社では株主割当が原則であるが、この割当を受ける権利を無視した場合も無効原因と考えられる。

　この訴えは、原告適格として、株主、取締役、監査役等に限られ（会828②）、提訴期間制限は6か月間（非公開会社では1年間）である。無効が確定した場合、その効力は、対世効、将来効である（会838、839）。

⑶　株式引受人・取締役等の差額塡補責任

　取締役等と、取締役と通じて著しく不公正な払込金額で募集株式を引き受けた場合は、会社に対し、公正な価額との差額を支払う義務を負う（会212①）。株式引受人に対する責任追及には、株主代表訴訟が認められる（会847①）。

　なお、現物出資の場合、引受人が善意・無重過失の場合は、出資の取消が認められる（会212②）。また、取締役等や現物出資の証明者は、連帯して差額支払義務を負うが、検査役の調査を受けた場合は免れる。この責任は過失責任である（会213）。

⑷　仮装出資の場合

　募集株式の引受人は、払込または現物出資財産の給付にあたり仮装した場合は、会社に対して仮装した払込額の支払いまたは現物出資財産の給付をする義務を負う（会213の2）。この責任は無過失責任である。総株主の同意がなければ免除できない。

　また、この仮装に関与した取締役等も同様の責任を負うが、過失責任である（会213の3）。

　なお、この場合、募集株式の引受人は、当該株式に関して株主の権利を行使することができない（会209②）。但し、当該株式が譲渡された場合は、譲受人に悪意または重過失がない限り、株主の権利を行使することができる（会209③）。

6　新株予約権

　新株予約権とは、会社に対して行使することにより、会社から株式の交付を受ける権利をいう（会2二十三）。新株予約権を有する者が、あらかじめ定められた行使期間内に、定められた行使価額を払い込むことにより、株式を取得する。ストック・オプションとして使われるほか、募集株式発行に際し、株主に無償で割り当て、株主が新株を引き受けずに新株予約権を売却することができるライツ・オファリングにも使われる。

　新株予約権の内容としては、目的である株式の数または算定方法、行使価額またはその算定方法、行使期間などである（会236）。新株予約権を引き受

ける者の募集にあたっては株主総会の決議によるが、株主総会の決議により、取締役（取締役会設置会社では取締役会）に委任することもできる（会238、239）。なお、ストック・オプションとして新株予約権を行使した場合に、払い込みを要しないものと定めることもできる（会202の2）。

　法令・定款違反または著しく不公正な方法により新株予約権が発行され、株主が不利益を受けるおそれがあるときは、株主は発行の差止めを請求することができる（会247）。買収防衛策として、買収者には金銭を、買収者以外の者には新株予約権を交付するという買収防衛策について、買収者が新株予約権発行の差止めを求めた事案では、新株予約権無償割当にも株主平等原則の趣旨は及ぶものの、買収者による経営権取得により企業価値を毀損することを防止するため（必要性）、買収者も意見を述べる機会があった株主総会で買収者以外のほとんどの株主により是認され、対価も新株予約権の価値に見合う場合には、衡平の理念に反し相当性を欠くものとは認められない（相当性）として、差止めを認めなかった（最二決平成19年8月7日民集61巻5号2215頁）。

　このほか、新株予約権について、会社法は詳細な規律を置いている（会237-294）。新株予約権発行無効の訴えも用意されている（会828）。

第7章　資本市場の役割と仕組み

　株式会社が発行する株式は、会社法上、原則として自由に譲渡できる。しかし、あなたがある会社の株式を売却したいと思ったとき、譲り受けたいと考えている投資家をどのように探せばいいのだろうか。また、多数の希望者がいれば、そのなかで最も高値を付けた投資家に譲渡することができるが、もし、ひとりしか希望者を見つけられなかったとしたら、おそらく売買価格は低額となるだろう。

　株式を自由に譲渡できるという規律があることと、実際に希望通り譲渡できることは、大きく異なる。もし、保有する株式を、希望する時期に、本来の価値で売買できない—つまり、実際には投下資本の回収が困難である—とすると、あなたは、このような株式に投資するだろうか。

　このように考えると、株式会社に出資してもらうには、株式を発行する市場と、株式の売買をする市場の整備が重要であることがわかる。本章では、会社法を一旦離れ、資本市場についてみることにしよう。

1. 証券取引所の仕組み

　みなさんも東京証券取引所（東証）という名を聞いたことがあるだろう。証券取引所では、証券取引所で株式の売買を希望する株式会社について審査を行い、基準に達した会社の株式につき証券取引所での売買を認めている。ここでは、証券取引所の仕組みをみる。

1　資本市場

　株式会社は、ビジネスを行うのに多額の資本を必要とする。その資本を出資者から集める役割を担うのが資本市場である。これに対し、金融機関を通

じて資金のやりとりをする役割を担うのは金融市場である。

　資本市場には、発行市場と流通市場がある。発行市場とは、株式会社が発行する株式などの有価証券を、取得希望の投資家に向けて発行するマーケットである。これに対し、流通市場とは、発行市場で発行された有価証券につき、売却希望の投資家と、購入希望の投資家を、適時に、市場メカニズムによる適正価格により売買できるよう、仲介する役割を担うマーケットである。もし、適時に、適正な価格で有価証券を売却できないとしたら、投資家は発行される有価証券を取得しないだろう。つまり、発行市場は、流通市場があることにより有価証券を発行することができるマーケットであり、流通市場は、発行市場で発行された有価証券を流通させるマーケットである。このように、発行市場と流通市場は「クルマの両輪」であり、どちらかが欠けても、投資家から出資を受ける資本市場は成り立たないのである。

② 証券取引所での取引

　証券取引所は、流通市場を担う組織である。内閣総理大臣の免許を受けて金融商品取引所により開設される。東京・名古屋・札幌・福岡に設けられており、なかでも、東京証券取引所は、ロンドン（シティ）、ニューヨーク（ウォール街）と並び、世界中の投資家を対象に、証券取引所の取引参加者である証券会社を通じて取引が行われている。なお、証券取引所を介さずに取引を行うPTS（Proprietary Trading System）もある。

　その取引の仕組みは、わかりやすく言えば「せり」「オークション」である。みなさんのなかにもいずれ、株式投資をする人がいるだろう。株式投資を始めるには、証券会社に口座を開設する必要がある。その証券会社に、価格（市場に委ねる成り行き注文でもよい）と数量を指定し、株式の買い注文をすれば、証券取引所で買い注文がコンピューターにより処理され、同じく、誰かの売り注文とマッチングできれば、取引が成立する仕組みである。このマッチングには、①価格優先の原則—買い注文では最も高い価格の注文が優先、売り注文では最も安い価格の注文が優先される、②時間優先の原則—同じ価格の注文では受付時間の早い注文が優先される、が適用される。この成立した価格が、その時点でのその会社の株価となる。

3　上場会社

　証券取引所で売買取引することが認められることを上場といい、発行する株式が上場された会社を上場会社という。上場されることで一般投資家も投資対象として取引することから、投資家保護のために、その適格性を判断する必要がある。そこで、上場にあたっては、発行会社からの申請に基づき、市場ごとに設けられている上場基準を満たしているか審査が行われる。この上場基準には、株式数、株主数、利益などの数値により形式的に定められている形式基準と、企業の情報を適切に発信することができるか、事業を公正かつ忠実に遂行しているかという実質基準がある。

　上場会社は、これらの基準を満たした会社として、社会的にも高い評価を受け、投資家より信頼されることから、資金調達が容易となる。また、知名度の向上により、ビジネスも容易となるほか、人材募集などでも有利となる。しかし、上場会社には、社会的責任が増大するほか、上場を維持するためのコストもかかる。

4　証券取引所の市場

　東京証券取引所では、長く、市場第一部、市場第二部、マザーズ、JASDAQ、及びプロ投資家向けの Tokyo PRO Market という市場が設けられてきた。

　このうち市場第一部は、国内だけではなく国際的にも代表される大企業を中心に上場されており、市場の規模も大きく、流動性も高い。東京証券取引所により、市場第一部の全銘柄から算出される指数が TOPIX である。また、日本経済新聞社により、市場第一部の上場銘柄のうち代表的な 225 社を対象に算出される指数が日経平均株価である。この2つの指数は、市場の変動を示す指標である。また、指数連動の ETF（上場投資信託）があり、一般投資家も市場に連動（逆比例するインバース型もある）した投資資金運用をすることができる。

　市場第一部と市場第二部を本則市場というが、両市場には、上場基準として、株主数、流通株式数、流通株式時価総額、流通株式比率などに差異があ

り、いずれも市場第一部がより高い数値が求められる。企業によっては直接、市場第一部に上場することもあるが、一般的には市場第二部に上場し、その後、市場第一部に指定されることが多い。株主数などが不足した場合、猶予期間中に解消しないと、市場第一部から市場第二部に指定替えとなる。

マザーズ市場とは、近い将来、市場第一部へステップアップすることを視野に入れ、高い成長可能性を有する企業向けの市場である。規模や業種による制約が設けられておらず、比較的、容易に上場することができる。

JASDAQには、一定の事業規模と実績を有する成長企業を対象としたスタンダード、特色ある技術やビジネスモデルを有し、より高い成長可能性を有する企業を対象としたグロースがある。

しかし、東証市場第一部の上場する会社が約2,200社と、東証全体の約6割にも達していること、また、マザーズから市場第一部への市場変更には、市場第二部からの指定と異なるため、時価総額の小さな会社などもあることから、東京証券取引所は以上の4市場を、プライム、スタンダード、グロースの3市場に再編することとした。このうち、プライム市場は、業績や時価総額で一定水準以上が求められるほか、コーポレートガバナンス・コードなど、海外市場並みの基準を求める。スタンダード市場は中堅企業向け、グロース市場は新興企業向けと位置付けられる。

2．証券取引でのルールとペナルティ

資本市場を成長させ発展させるために、証券取引にはルールが設けられており、これに違反するとペナルティが課される。ここでは、この証券取引でのルールとペナルティをみる。

1　情報開示

資本市場の成長と発展には、投資家の参加が不可欠であり、そのためには、投資家を保護する必要がある。注意すべきなのは、「投資家の保護」は、投資家を損失から守るというものではないことである。投資は自己責任であり、損失が生じたからといって、投資家の損失を補っていては、投資家はよりリ

ターンの大きい、つまり、リスクの大きい投資を行うこととなる。本来、より健全な企業への資金供給が必要であるのにかかわらず、投資家による企業への資金供給が歪められてしまう。ここで、「投資家の保護」とは、投資家が自己責任を負担できるよう、より適切な投資判断をするために、正確な情報を適時に投資家に提供することである。

(1)　発行開示

　株式などの有価証券を市場で発行する者（発行者）は、発行市場に対して、情報開示（ディスクロージャー）が求められる。これを発行開示という。

　株式を会社が発行するにあたり、証券会社は引受・販売等の業務を提供する。この証券会社は、その顧客である投資家に取得を勧誘することとなるが、ここで証券会社から投資家に対して販売圧力がかかり、投資家の意思決定を歪めるおそれがある。そこで、発行する会社に情報開示を義務付け、投資家にその取得を考慮するための熟慮期間を設けている。

　総額 1 億円以上の有価証券発行時に、50 名以上の者に対して取得を勧誘するときは、発行者は有価証券届出書を内閣総理大臣に EDINET というネットワーク上のシステムを用いて提出しなければならない（金商4①）。

　これに対し、プロ私募といわれる適格機関投資家に対してのみに取得を勧誘するときは、有価証券届出書の提出義務はない。これは、適格機関投資家には投資のプロとしての専門的知識があるため、法律による保護までは必要ないと考えられるためである。なお、適格機関投資家とは、金融機関等に加え有価証券残高 10 億円以上の法人及び個人で届け出を行った者が含まれる（定義府令10）。

　また、上場会社の株式など流通性がある有価証券を除き、少人数私募といわれる 50 名未満の者に対して、取得を勧誘するときも、有価証券届出書の提出義務はない。これは、少人数に対する販売では、証券会社による販売圧力がかからないと考えられるためである。なお、ストック・オプションについても、役員や従業員は会社の内容をよく承知していると考えられるため、有価証券届出書の提出義務はない。

　有価証券届出書の提出後、原則として、15 日後に届出書の効力が生じる

（金商8①）。この間、証券会社は取得の勧誘をすることができるが、取得のための契約を締結することは認められない。届出書の効力が生じる前に証券を取得させた証券会社は、証券を取得した投資家に対し、違反行為から生じた損害を賠償する責任を負う（金商16）。

　なお、証券会社の勧誘は、有価証券届出書の内容に基づいた目論見書（金商13①）を用いる。

(2)　継続開示

　上場されている株式の発行会社など、市場において有価証券を流通させる発行者には、流通市場に対して、情報開示が求められる。これを継続開示という。

　投資家が自己の投資判断については、自己責任によるが、適切な投資判断のためには、適時、正確な情報が必要である。そこで、継続開示義務を課している。つまり、継続開示義務は、流通市場にて投資する投資家の判断に資するためである。

　このため、上場証券の発行者のほか、①過去に募集・売出しを行った証券の発行者や、②上場していなくても資本金5億円以上・株主1,000名以上の株式会社などにも、継続開示義務が課される（金商24）。

　継続開示の形式は、①有価証券報告書、②半期報告書、③臨時報告書であるが、上場会社では、より適時に開示するため、四半期報告書が課される。

　有価証券報告書とは、事業年度ごとに発行される開示資料である。事業年度終了後3か月以内に、EDINETにより内閣総理大臣に提出しなければならない（金商24①）。この有価証券報告書は、5年間、財務局・発行者・金融商品取引所などで公開される（金商25）。インターネットでも閲覧することができ、投資家の投資判断に用いられる。

　有価証券報告書の第一部の企業情報には、企業の概況、設備の状況、経理の状況が連結情報を中心に記載されるほか、事業の概況、提出会社の状況などが記載される。第二部の保証会社等の情報には、他社株償還条件付社債の他社の状況など、発行者以外の会社の情報が記載される。これらの記載事項のうち、財務諸表・連結財務諸表については、監査法人の監査を受けなけれ

ばならない（金商193の2）。

　半期報告書は、事業年度が1年である会社において、事業年度の開始日から6か月を経過することにより作成される開示資料である。営業及び経理の状況を記載し、事業年度開始日から6か月を経過した日から3か月以内に提出しなければならない（金商24の5①）。

　四半期報告書は、事業年度中、3か月（四半期）を経過するごとに作成される開示資料である（金商24の4の7）。上場会社にのみ作成が強制される。四半期の連結財務情報のほか、企業・事業等の状況などの情報も含まれる。早期開示のための開示資料であり、四半期終了後、45日以内に提出しなければならない（金商令4の2の10③）。なお、四半期報告書を提出する発行者は、半期報告書を提出する必要はない。

　なお、臨時報告書は、主要株主の異動、組織再編成、代表取締役の異動など発行者に一定の重要事項が発生した場合に、提出が求められる開示資料である。

(3)　親会社等状況報告書

　子会社は上場しているが、その親会社は上場しておらず、有価証券報告書の提出義務がない場合がある。そこで、直接または間接に上場会社の議決権の過半数を所有しており、有価証券報告書提出会社でない会社は、事業年度終了後3か月以内に、親会社等状況報告書を内閣総理大臣に提出しなければならない（金商24の7）。

　親会社等状況報告書には、①株式の所有者別状況・大株主の状況、②役員の状況、③会社法による計算書類等を記載する。

(4)　内部統制報告書

　上場会社は、財務報告の信頼性などを確保するため、有価証券報告書・四半期報告書の提出に際し、これらの記載内容が法令に基づき適正であることを確認する確認書を内閣総理大臣に提出しなければならない（金商24の4の2①）。また、有価証券報告書の提出に際しては、内部統制報告書を内閣総理大臣に提出しなければならない（金商24の4の4①）。

　内部統制報告書は、内部統制手続の有効性を評価した報告書であり、監査法人の監査を受けなければならない。しかし、この監査は、内部統制手続そのものの監査ではない。このため、有効性を否定した報告書であっても、その報告が適正であるならば、監査法人は適正意見を付けることとなる。

　なお、資本金額が一定規模以上の会社を除き、新規上場企業は内部統制報告書に対する監査義務を 3 年間免除している（金商 193 の 2②）。

⑸　適時開示

　金融商品取引所の上場規則により、上場証券の発行者は、投資家の投資判断に影響を与える重要な情報が生じたときは、直ちに開示しなければならない。また、金融商品取引所が、発行者に対して照会した事項についてし、発行者は直ちに回答しなければならす、金融商品取引所が必要と判断したときは、発行者は直ちにその照会事項について開示しなければならない。これを適時開示（タイムリー・ディスクロージャー）という。東京証券取引所では、この適時開示は TD-net により行われる。

　このほか、上場会社の決算発表について、事業年度終了後 45 日以内に、決算短信を発表する。この決算短信には、次期の業績予想などが開示される。予想であるから、その後に修正されることもある。しかし、最初から根拠のない業績予想を開示した場合は、虚偽開示にあたると考えられる。

⑹　不実の開示

　有価証券届出書・有価証券報告書に、虚偽の記載がなされると、その誤った情報に基づき有価証券の引受けや市場価格の決定などがなされ、資本市場による企業への効率的な資源配分という役割が果たされないうえ、その有価証券を取引した投資家にも損害を与えることとなる。

　そこで、有価証券届出書・有価証券報告書に虚偽の記載があった場合、その提出者などに対し、刑事責任、民事責任、課徴金を課す仕組みを設けている。

　例えば、重要事項につき虚偽記載がある有価証券届出書・有価証券報告書を提出した者には、10 年以下の懲役、1,000 万円以下の罰金、またはその両方が科される（金商 197①1）。また、発行者の代表者などが財産または業務に

関し虚偽記載を行ったときは、発行者である法人にも、7億円以下の罰金が科される（金商207）。違反行為の程度や態様により、この刑事責任の追及までには及ばないケースでは、審判手続により課徴金を賦課することとしている（金商178）。有価証券届出書の虚偽記載等に関与し、募集または売り出した場合では、課徴金は株券等の発行価額の4.5％である（金商172の2）。有価証券報告書の虚偽記載では、課徴金は600万円と有価証券の時価総額の0.06％のいずれか多い額である（金商172の4）。また、虚偽記載のある有価証券届出書を提出した発行者は、有価証券を取得した者（虚偽記載があることを知っていた者を除く）に対し損害賠償責任を負い、この責任は無過失責任である（金商18①）。虚偽記載のある有価証券報告書を提出した発行者の民事責任では、虚偽記載が発覚した前後の株価を基準として損害額の推定制度が設けられているのも、投資家保護に資するものである（金商21の2）。

② 不公正な取引の禁止

このように、有価証券の取引では情報が重要な要素となる。もし、未公開の情報を用い、または、虚偽の情報を拡散させ、もしくは、取引が増加しているように見せかけるなどの仮装をして、自己に有利な取引をすることができるとなると、流通市場の信頼性は失われ、投資家が市場から離れることとなる。このことは、流通市場を通じて適正な価格での適時な投下資本回収が期待できなくなることから、発行市場での新規発行有価証券の引き受け手もいなくなり、結果として、企業への資金供給の道がひとつ失われることとなる。このため、法は、このような不公正な取引を禁止している。

⑴ インサイダー取引の禁止

一定の会社関係者が重要な未公開情報を取得したときは、内部情報に関するインサイダーとして、その会社の株式などの取引が禁止される（金商166）。

一定の会社関係者とは、①上場会社・その親会社及び子会社の役員・使用人その他の従業員が、その職務により情報を得た者、②会社法に定める帳簿閲覧権の行使（準用される場合を含む）により情報を得た者、③上場会社等に対して法令上の権限に基づき行使し情報を得た者、④上場会社等との契約締

結・交渉・その履行により情報を得た者と、幅広い。

　重要な情報とは、投資家の投資判断に大きく影響を与える重要事実をいう。①決定事実—会社の取締役会などが決定した事実、②発生事実—会社に生じた災害などによる損害・主要株主の異動・上場廃止の原因となる事実など、③決算変動—決定事実・発生事実は生じていないが、直近の業績予想・実績値から大きく変動が生じた事実、④包括条項—以上の事実に加え、上場会社の運営・業務・財産に関する重要な事実であって投資家の投資判断に著しい影響を及ぼす事実、及び⑤子会社の重要事実をいう。

　取得した情報が公開されるとインサイダー取引には該当しない。この公開とは、①有価証券届出書・有価証券報告書・半期報告書・四半期報告書・臨時報告書等に記載されたとき、②2 以上の報道機関に対して公開され 12 時間が経過したとき、③取引所のウェブサイトに公開されたとき、のいずれか早い時点とされる。

　また、公開買付・株式買い集めに関する重要事実について、これらを行う者と一定の関係がある者についても、外部情報に関するインサイダーとして、その会社の株式などの買付（公開買付・株式買い集めの中止については売付）が禁止される（金商 167）。

　このインサイダー取引規制に違反した場合は、5 年以下の懲役、500 万円以下の罰金または併科する（金商 197 の 2）。法人の財産または業務に関してインサイダー取引がおこなわれたときは、法人に 5 億円以下の罰金を科している（金商 207）。また、インサイダー取引により得た利益は没収、または追徴される（金商 198 の 2）。また、この刑事責任を追及するまでに及ばないケースでも、インサイダー取引による利益を課徴金として賦課する。

⑵　風説の流布・偽計取引の禁止

　虚偽または不確かな情報を拡散させ、市場において価格の変動を図ることを、風説の流布として法は禁止している（金商 158）。また、事実を隠して取引を進めることを、偽計取引として禁止している。

　これらの違反についても、刑事責任が科せられ、刑事責任を追及するには及ばないケースでは課徴金が賦課される。

⑶　相場操縦

市場において価格の形成を操作することを、相場操縦として法は禁止している（金商159）。

相場操縦の手法としては、①仮装取引―取引が多いように見せかけるために、同じ人が、同じ銘柄に、同時に買い注文と売り注文をする取引、②馴れ合い取引―同様に、複数の人が、通じ合って買い注文と売り注文をする取引、③変動操作―他の投資家に、市場による需給関係に基づいた価格形成がなされると誤解させ、取引に誘い込む目的をもって、人為的に価格変動させる取引、などがある。

この違反についても、刑事責任として、行為者には10年以下の懲役、1,000万円以下の罰金、またはその併科（金商197）、法人には7億円以下の罰金（金商207）が科される。また、刑事責任を追及するに及ばないケースでは課徴金が賦課される。また、民事責任についても特則が設けられている（金商160）。

3．コーポレートガバナンス・コードとスチュワードシップ・コード

上場会社の持続的な成長と中長期的な企業価値の向上のためには、会社経営者が中長期的な投資を行う必要があり、この中長期的な投資のためには、この投資資金を提供する中長期的な機関投資家の存在が不可欠となる。このためには、会社経営者が株主や多くのステークホルダーに対する責務を踏まえた適切な意思決定を行い、また、機関投資家と建設的に対話することが必要である。そこで、会社側の原則としてコーポレートガバナンス・コード、機関投資家側の原則としてスチュワードシップ・コードが設けられている。これらのコードは、コーポレートガバナンスを支える「クルマの両輪」の関係にある。

① コーポレートガバナンス・コード

⑴　コーポレートガバナンス・コードの意義と目的

株式会社は株主からの出資により事業基盤を設けており、会社経営者は株

主に対し受託者として責任を負っている。同時に、会社は、顧客・従業員・地域社会などさまざまなステークホルダーとの関わりも持っている。このため、会社の持続的成長と中長期的な企業価値の向上のためには、会社経営者は、ステークホルダーに対する説明責任を負ったうえで、受託者責任を果たすために経営の意思決定を行う必要がある。この意思決定の仕組みをコーポレートガバナンスと位置付け、この原則を提示するのがコーポレートカバナンス・コードである。コーポレートガバナンス・コードは、金融庁と東京証券取引所により策定され、2015年に適用開始された。

　コーポレートガバナンス・コードは会社経営者の意思決定を制約するものではない。中長期的な企業価値向上のためには、適切な投資が必要であるが、その会社経営者の投資判断を巡って、後日、結果責任を問われることとなると、会社経営者は投資に慎重になるであろう。コーポレートガバナンス・コードは、会社のコーポレートガバナンスを適切に機能させることにより、会社経営者のリスク・テイクを支えるものでもある。

⑵　原則主義

　コーポレートガバナンス・コードは、会社のコーポレートガバナンスを詳細に規定する細則主義（ルールベース・アプローチ）ではなく、原則を提示し、会社自らが、会社の業種、規模、事業特性、会社が置かれている環境などにより、採否を決定する原則主義（プリンシプル・アプローチ）を採用している。

　このため、コーポレートガバナンス・コードの各項目につき、会社は原則を実施するか、実施しない場合はその理由を説明するという、コンプライ・オア・エクスプレインを認めている。つまり、コーポレートガバナンス・コードは、法令のように拘束力を有するものではなく、原則を実施しないからといって上場廃止する、というものではない。

⑶　コーポレートガバナンス・コードの構成

　コーポレートガバナンス・コードは基本原則、原則、補充原則から構成されている。基本原則はつぎの5章から成り立っている。

```
１．株主の権利・平等性の確保
２．株主以外のステークホルダーとの適切な協働
３．適切な情報開示と透明性の確保
４．取締役会等の責務
５．株主との対話
```

　この基本原則に関して、注目すべき点に触れておこう。

（基本原則1）　　上場会社の資本政策について、基本的な方針についての説明、政策保有株式の保有の適否の検証、また、買収防衛策の導入・運用につき、必要性・合理性の検証などを求める。

（基本原則2）　　ESG（Environment Social Governance）要素を含むサステナビリティ（持続可能性）への対応、社内の多様性の確保、内部通報の適切な体制整備などを求める。

（基本原則3）　　経営者の指名・報酬決定などに関する開示、英語での情報発信、外部監査人の適正な監査の確保などを求める。

（基本原則4）　　支配株主を有する上場会社での少数株主利益の保護、株主に対する受託者責任・説明責任を踏まえ、会社の持続的成長と中長期的な企業価値の向上を促すという観点からの取締役会・監査役会の役割・責務、独立社外取締役の選任、活用など、また、取締役会の審議の活性化などを求めている。

（基本原則5）　　株主との建設的な対話、経営戦略・経営計画の策定と明確な説明などを求めている。

　なお、2021年のコーポレートガバナンス・コードの改訂では、独立社外取締役の選任について、プライム市場上場会社では取締役会の3分の1以上の選任（必要とする場合、及び支配株主を有する場合には過半数）、それ以外の市場に上場する会社については2名以上の選任（必要とする場合、及び支配株主を有する場合には3分の1以上）が原則化された。

(4)　コーポレートガバナンス・コードの適用対象

　東京証券取引所の本則市場（市場第1部・第2部）に上場している会社は、す

べての原則につき適用される。したがって、原則を適用しないものがある場合には、その理由をエクスプレインしなければならない。マザーズ・JAS-DAQ に上場している会社は、基本原則について適用される。

　市場再編後については、プライム市場では、プライム市場にふさわしいコンプライの状況、エクスプレインの質を求めるとされている。また、スタンダート市場でも、全原則を適用するとされている。これに対し、グロース市場では、基本原則について適用するとされている。

② スチュワードシップ・コード

⑴ スチュワードシップ・コードの意義と目的

　機関投資家は、会社の持続的成長と中長期的な企業価値の向上のために必要とする投資資金を提供する役割を担う。そこで、機関投資家が、投資先の会社の成長と企業価値向上を促すことにより、機関投資家に委託する顧客の利益拡大を図る受託者責任を、スチュワードシップ責任と位置付けた。このスチュワードシップ責任を果たすために有用な原則を、スチュワードシップ・コード（責任ある機関投資家の諸原則）として、2014 年に金融庁により策定されたものである。

　この機関投資家は、資産の運用等を受託し投資を担う資産運用者（運用機関）と、この資産の委託者である資産保有者（アセット・オーナー）に大別される。運用機関には、投資先との建設的な対話等を通じて企業価値の向上に寄与することが期待される。また、アセット・オーナーには、スチュワードシップ責任を果たす上での基本的な方針を示した上で、自ら、または、委託した運用機関の行動を通じて企業価値の向上に寄与することが期待される。

⑵ 原則主義

　機関投資家にも、運用規模、運用方針などにより、スチュワードシップ・コードの適用には差異があることが想定される。このため、スチュワードシップ・コードでも、原則主義を採用し、コンプライ・オア・エクスプレインを認めている。

⑶　スチュワードシップ・コードの構成

　スチュワードシップ・コードは、原則と指針によって構成されている。原則は、つきの内容から成り立っている。

1．スチュワードシップ責任を果たすための方針策定と公表。
2．スチュワードシップ責任を果たす上での利益相反の方針策定と公表。
3．スチュワードシップ責任を果たすための投資先企業の状況把握。
4．投資先企業との「目的を持った対話」。
5．投資先企業の持続的成長に資する議決権行使の方針、その行使結果の公表。
6．顧客に対するスチュワードシップ責任の履行状況の定期的報告。
7．機関投資家としての実力の具備。
8．機関投資家向けサービス提供者の適切なサービス提供。

　SDGs（Sustainable Development Goals, 持続可能な開発目標）への取り組みが世界的にも進められている。投資分野においては、SDGs に先駆けて責任投資原則（PRI=Principles for Responsible Investment）が提唱され、投資に ESG 観点を反映させることが求められるようになった。2020 年には、ESG 要素を含むサステナビリティを考慮したスチュワードシップの改訂が行われた。

⑷　スチュワードシップ・コードの適用対象

　スチュワードシップ・コードを受け入れた機関投資家は、自らのウェブサイトで、受け入れ表明をし、コードの各原則において公表が求められている項目・実施しない原則がある場合にはその理由の説明を掲載すること、また、そのウェブサイトの URL を、金融庁に通知することが期待されている。

第8章　企業買収

　ビジネスを始めるときには、自ら起業する方法があるが、一からビジネス
を構築していくのは時間がかかり、マーケットで先行している者に遅れをと
ることとなる。また、マーケットの成長とともに、先行する企業により顧客
が囲い込まれていて、新規参入が難しい場合もある。このような場合、既に
ビジネスを展開している企業を買収することで、既に成立しているビジネス
の基盤を使い、さらに、顧客を獲得し、先行する企業に追いつくことができ
る。

　このほか、経営者が経営改善のため、一旦、自らの企業を買収することも
ある。この場合は、株主のために経営を委託された経営者が、会社を買収す
るため、利益相反が発生する。

　本章では、このような企業買収についてみることにしよう。

1．M&A の手法と規律

　M&A（Mergers and Acquisitions）とは、法的には、二社以上の会社が一社と
なる合併や、他の会社を買い取ることをいう。実務的には、事業の拡大、事
業構造の再構築を目的とした、ビジネス自体を売買する企業買収、及びビジ
ネスの主体である企業結合に関する戦略を指しており、事業譲渡、株式の公
開買付、合併・分割などの組織再編から、資本提携や共同出資会社の設立な
どまで含むことがある。

　これらの手法のうち、会社法は事業譲渡と組織再編について、金融商品取
引法は公開買付について規律している。また、独占禁止法は、企業結合につ
いて規制を設けている。

2．事業譲渡

　事業譲渡とは、会社の事業の全部または一部を譲渡するものである。事業に用いている個々の資産の譲渡を意味するのではなく、一定の事業目的のために組織化されており、有機的一体として機能する財産の譲渡を意味する。

　この事業譲渡では、合併とは異なり、事業に用いている資産については、個別に譲渡の手続きを行わなければならず、債務についても免責的債務引受では債権者の承諾が必要となる。なお、譲受会社が債務引受をしていない場合でも、弁済責任を負う場合もある（会 22、23、23 の 2）。

⑴　株主総会の承認手続

　つぎの場合には、株主総会で特別決議による承認が必要である（会 467）。

株主総会の承認が必要な事業譲渡等
①事業の全部の譲渡
②事業の重要な一部の譲渡（簡易手続として、譲渡する資産の簿価が総資産額の 5 分の 1 以下（定款で厳格化することができる）の場合を除く）
③事業譲渡に類似する子会社の株式・持分の全部または一部の譲渡（譲渡する株式・持分の帳簿価格が総資産額の 5 分の 1 を超え、効力発生日において子会社の議決権の総数の過半数の議決権を有しないとき）
④他の会社の事業全部の譲受け
⑤事業の全部の賃貸、事業全部の経営の委任、他人と事業上の損益の全部を共通にする契約等の締結等
⑥事後設立（会社成立後 2 年以内に、成立前から存する財産であって、その事業のために継続して使用するものの取得。5 分の 1 基準がある）

　しかし、契約の相手方が特別支配会社（事業譲渡等をする会社の総株主の議決権の 90％以上を単独で保有、またはその完全子会社で共同保有している会社。なお、割合については定款で厳格化することができる）の場合は、略式手続として株主総会決議を要しない（会 468①）。

　また、事業全部の譲受けで、譲受対価の簿価が、譲受会社の純資産額の 5

分の１以下（定款で厳格化することができる）の場合も、簡易手続として、株主総会決議を要しない（会468②）。但し、この場合には、会社は株主に通知・公告し、株主から反対の通知をすることが認められる。もし、株主から一定数の反対（会規138）が通知されたときは、株主総会決議が必要となる（会468③）。

　株主総会決議が必要な事業譲渡であるのに、決議を得ていなかった場合は、その事業譲渡は無効である。

(2)　反対株主の株式買取請求権

　事業譲渡等をする場合に、反対株主は事業譲渡等をする会社に対し、有する株式を公正な価格で買い取ることを請求することができる（会469①）。但し、事業全部の譲渡とともに会社の解散決議があったとき、事業全部の譲受けで簡易手続のときは、請求することができない。

　この反対株主とは、株主総会決議が必要な事業譲渡等である場合に、①その株主総会で議決権を行使することができる株主であって、株主総会前に事業譲渡等に反対する旨を通知し、かつ、株主総会で反対した株主、②その株主総会で議決権を行使することができない株主、及び、株主総会の決議が不要な事業譲渡等である場合に、③特別支配株主を除くすべての株主である（会469②）。

(3)　事業譲渡の開示

　事業譲渡等をしようとする会社は、効力発生日の20日前までに、株主に対して事業譲渡等をする旨を通知しなければならない（会469③）。公開会社、及び事業譲渡等が株主総会の承認を得た場合は、公告によることも認められる（会469④）。

3．組織再編

　企業買収の手法として、会社法は組織再編の規定を置いている。組織再編として、合併・分割・株式交換・株式移転・株式交付が制度化されている。

　これに対し、株式会社から持分会社に変更する場合、及び持分会社から株

式会社に変更する場合を、組織変更という（会2二十六）。なお、持分会社間の変更は組織変更にはあたらない。

[1]　合併

⑴　合併とは

　会社の合併とは、二社以上の会社が契約（会748）によって一の会社となることである。みなさんのまわりを見渡すと、合併した会社が多いことに気づくだろう。例えば、メガバンクは、過去に都市銀行と言われ13行あった時代があったが、その後、合併を繰り返し、現在の会社に集約されている。一般的には、会社が合併することで単純に、また相乗効果が加わり、売上高は増加する一方、規模拡大による取引交渉力アップや業務の共通化効率化などから、原価や経費の対売上高割合は低下することから、利益が増加するといえる。しかし、合併する会社の企業文化に差異があったり、合併前の会社の社内派閥を引継ぎ、人心がまとまらなかったりして、失敗するケースもある。

　合併は、第三者に対する債権債務をすべて包括的に承継する（会750①、754①）。このため、例えば、相手先企業に、認識されていない債務、第三者に対する賠償義務があるなど、表面化していない隠れた負債があり、合併後に現実化すると、これらの負債を合併後の会社はすべて負わなければならなくなるなど、合併にはリスクもある。そこで、合併交渉に際し、守秘義務を含む合意書を締結し、相手先企業に対するデューデリジェンスを行うこととなる。

　なお、合併は、株式会社間だけでなく、株式会社・持分会社のいずれの会社の間でも合併することができるが、以下、株式会社間を前提に説明する。

⑵　新設合併・吸収合併と法的性質

　合併には、つぎの吸収合併（会2二十七）と新設合併（会2二十八）がある。

> ①吸収合併—合併する1社が存続し、他の会社を消滅させ、吸収する合併
> ②新設合併—合併するすべての会社が消滅し、新しい会社を設立する合併

　もっとも、実務的には、吸収合併が用いられることが多い。この吸収合併では、存続会社以外は消滅するため、解散の一形態であるが、前述の通り、

合併は、第三者に対する債権債務をすべて包括的に承継することから、消滅会社の清算手続は不要である。

　合併の法的性質については、人格合一説と現物出資説が対立してきた。人格合一説とは、合併を組織上の特別の契約と考える見解であり、現物出資説とは、消滅会社がすべての財産を現物出資し、存続会社が新株式を発行する、または新設会社を設立すると考える見解である。

⑶　合併する会社の株主

　株式会社には株主がいる。合併により株主はどうなるのか。

　吸収合併では、存続会社の株主はそのままであり、消滅会社の株主には合併の対価を交付する。この対価としては、存続会社の株式が一般的だが、存続会社の親会社株式や金銭とすることもできる。存続会社の株式が交付される場合には、消滅会社の株主は、合併後は、存続会社の株主となる。もっとも、存続会社・消滅会社がいずれも同一の会社の完全子会社であるなどの場合には、新株式を交付しない無対価合併もある。また、存続会社が消滅会社の株式を有している場合には、存続会社には合併対価を交付しない。

　また、新設合併では、合併するいずれの会社も消滅するため、いずれの会社の株主にも合併の対価として、新設会社の株式等を交付する。

　消滅会社の株主に存続会社等の株式が交付される場合、消滅会社の株式の価値相当の、存続会社等の株式が交付される。例えば、存続会社の1株の価値が1,000円、消滅会社の1株の価値が700円の場合に、存続会社の株式を消滅会社の株主に対価として交付するときは、消滅会社の株式1株に対し、存続会社の株式0.7株を交付することとなる。この株式を交付する比率を合併比率といい、合併する会社の価値を基礎として、合併する会社の協議で決定する。

⑷　株主・債権者の保護

　合併では、消滅会社の債権債務を包括的に承継し、合併対価を交付するから、消滅会社はもちろんのこと、吸収合併の場合には存続会社においても、株主・債権者の保護が重要となる。

　そこで、会社法は、合併に際し、合併契約の内容などを事前に開示し、株主・会社債権者の閲覧に供することを求めている（会782、794、803）。この事前開示は、合併の差止請求、債権者異議手続に関する判断に必要である。

　さらに、株主保護のために、原則として合併契約を株主総会の特別決議により承認することを求めている（会783）。消滅会社が公開会社であるのに、対価として交付される株式が譲渡制限株式等であるときは特殊決議が必要である。この決議要件は定款により加重することができる。株主総会にて合併に反対したのに合併が決定した場合には、反対した株主は会社に対し、公正な価格で株式の買取りを請求することが認められる（反対株主の株式買取請求権）。この「公正な価格」とは、組織再編がなかったとしたら、あったであろう価格に加え、組織再編によりシナジーが発生する場合には、そのシナジーの分配も価格に反映させるものと解されている。

　なお、事業譲渡の場合と同様に、略式手続・簡易手続が認められている。

　略式手続では、存続会社が消滅会社の株式の90％以上を保有する特別支配会社の場合は、原則として消滅会社では株主総会の決議は不要である。この場合に、合併に不服の株主には、株式買取請求権が認められる。また、簡易手続では、存続会社において、合併対価の簿価が存続会社の純資産額の5分の1以下の場合には、原則として株主総会の決議は不要となる（会784、796）。

　また、債権者保護のために、各会社は債権者に対して債権者異議手続をしなければならない（会789、799、810）。

　この債権者異議手続は、①合併すること、②合併の相手方の会社・新設会社の商号と所在地、③各会社の計算書類等、④異議のある債権者は、1か月以上で会社が定めた期間内に異議を述べなければならないこと、を官報に公告し、かつ、会社が知っている債権者には個別に催告しなければならない（会789）。但し、官報に加えて、日刊新聞紙に公告もしくは電子公告をした場合には、個別催告は不要となる。異議を述べた債権者に対しては、合併してもその債権者を害するおそれがない場合を除き、弁済するか、担保を提供もしくは弁済用の財産を信託しなければならない。異議を述べたのに会社に対応されなかった債権者は、合併無効の訴えを提起することができる。

　なお、存続会社・新設会社は、合併後、会社法施行規則で定められている

事項を開示しなければならない（会801、815）。合併無効の訴えを提起するか否かの判断に必要である。

(5)　合併の効果

　吸収合併では合併契約で定めた効力発生日に合併の効果が生じる。効力発生日に登記するのが一般的であるが、もし、効力発生日後に登記をする場合、効力発生日から登記日までの間、消滅会社がまだ存在する外観を有することとなる。このため、この登記日までの間、消滅会社は、第三者に対して消滅を対抗することはできない（会750）。

　これに対し、新設合併の場合は、新設会社の設立登記の日に合併の効果が生じることとされているため、このような問題は生じない。

(6)　合併手続に瑕疵があったとき

　合併の効力が発生する前、合併手続に、法令・定款に違反する行為があり、または略式手続における対価が著しく不当な場合に、株主に不利益が生じるおそれがあるときは、株主は合併をやめることを請求することができる（会784の2、796の2、805の2）。

　また、合併の効力が生じた後、合併手続に瑕疵があった場合は、本来は合併は無効であるが、それでは法的安定性を害することとなるので、会社法は、存続会社もしくは新設会社を被告として合併無効の訴えを提起することによってのみ、合併無効を主張することができることとした（会828）。

　この合併無効の訴えを提起するには、つぎの要件を満たす必要がある。要件を満たさないときは訴えを提起することはできず、よって合併の無効を主張することはできない。

①無効事由…合併手続に重大な瑕疵があったこと。
②原告適格…各会社の株主・取締役・監査役・執行役・清算人・破産管財人・合併を承認しなかった債権者。
③提訴期間…効力発生日から6か月。但し、株主総会決議に取消事由があるときは、株主総会の決議の日から3か月。

　なお、合併比率に著しく不公正がある場合は、株主が合併に反対すれば株式買取請求権を行使できることから、無効事由にはあたらないとされている（東京高判平成2・1・31資料版商事法務77号193頁）。

　このほか、専属管轄・担保提供命令などが定められている（会835-837、846）。

　合併を無効とする判決が確定したときは、その判決は訴訟の当事者間のみならず、第三者にも効力が及ぶ（絶対効もしくは対世効）（会838）。また、判決の効力は遡及せず、将来に向かって効力が発生する（将来効）（会839）。

② 会社分割

⑴ 会社分割とは

　会社分割とは、1の会社を、2以上の会社に分けることをいう。

　例えば、会社の一事業部門を子会社としたい、いずれはその子会社を売却したい、ということもあるだろう。このような場合に、現在の会社から、全部または一部の事業部門を抜き出すための組織再編が、会社分割である。

　会社分割には、つぎの吸収分割（会2二十九）と新設分割（会2三十）がある。

> ①吸収分割—事業に関して有する権利義務の全部または一部を、既存の会社に承継させる分割
> ②新設分割—事業に関して有する権利義務の全部または一部を、会社を新設して承継させる分割

　吸収分割では、分割会社（分割元となる会社）と承継会社との間で、吸収分割契約を締結する（会757）。吸収分割は、「会社分割し、分割部分を合併会社が吸収合併する」とイメージすれば、理解しやすいだろう。

　新設分割では、分割会社が、新設会社（分割により新設される会社）を自ら新設することとなるため、契約ではなく、新設分割計画を作成する（会762）。

⑵ 物的分割・人的分割

　例えば、新設分割では、分割による対価として新設会社の株式が、分割会社に交付される。つまり、分割会社が親会社、新設会社が子会社となる。このように、会社分割による対価である株式等を分割会社に交付する場合を

「物的分割」または「分社型分割」という。これに対し、対価である株式等を
分割会社の株主に交付する場合を「人的分割」または「分割型分割」という。
　会社法では物的分割として定めており、人的分割の結果を得たいときに
は、対価となる株式等を会社に交付したうえで、分割会社が株主に剰余金の
配当として現物配当をすることとなる。

(3)　株主・債権者の保護

　会社分割により、吸収分割契約・新設分割計画に従って、分割会社の債権
債務の全部または一部が、承継会社・新設会社に移転する。これに伴い、事
業の全部または一部が、承継会社・新設会社に移転することとなる。
　このため、会社法は、吸収分割契約または新設分割計画について、事前の
開示を求める（会782、794、803）。
　また、株主保護のため、株主総会の特別決議にて承認することを求める（会
783、795、804）。この決議に反対した株主や一定の新株予約権者には、株式買
取請求権が認められる（会785、787、797、806、808）。なお、略式手続、簡易手
続の例外が設けられている（会784、796、805）。
　さらに、債権者保護のため、債権者異議手続が設けられている（会789、799、
810）。しかし、分割会社は、分割により対価を取得するから、資産の内容に
変化が生じるだけで、資産の総額に変動は生じない。このため、会社分割後
も、分割会社に債権全額を請求できる債権者は、債権者異議手続の対象とは
ならない。
　過去に、経営が悪化した企業が、会社分割により、優良資産と、事業継続
のために必要な取引相手である債権者を新設会社に承継させ、分割会社には
不良資産と、承継させなかった債務を残し、いずれ分割会社を破綻させると
いう詐害的な会社分割が問題となったことがある。これに対応するため、平
成26年改正により、分割会社に残存する債権者を害する会社分割について、
承継した財産の価額を限度として、その債務の履行を請求することができる
規定を新設した（会759、761、764、766）。
　また、債権者異議手続の個別催告について、必要にもかかわらず、個別催
告を受けなかった債権者については、吸収分割契約・新設分割計画で債務者

としなかった会社も、分割会社では分割の効力発生日の財産額、承継会社・新設会社では承継した財産額を限度として、弁済の責任を負うこととされている（会759、764）。

なお、事後の開示も必要である（会791、801、811、815）。

⑷　会社分割の効果

吸収分割では、吸収分割契約で定めた効力発生日に会社分割の効力が発生する（会759）。新設分割では、新設会社の設立の登記日に効力が発生する（会764）。

⑸　会社分割の瑕疵があったとき

会社分割についても、合併と同様に、株主に会社分割の差止請求を認める（会784の2、796の2、805の2）。

会社分割の手続に瑕疵があった場合は、合併と同様に、会社分割無効の訴えによってのみ、会社分割の無効を主張することができる（会828）。

会社分割無効の訴えでも、原告適格、提訴期間制限、判決の絶対効・将来効、専属管轄などが定められている（会828、835-839、846）。

会社分割を無効とする判決が確定すると、合併無効と同様の処理となる（会843）。

③　株式交換・株式移転

⑴　株式交換・株式移転とは

株式交換（会2三十一）・株式移転（会2三十二）とは、ある株式会社が、他の株式会社の完全子会社になる組織再編である。

株式交換は、完全親会社となる会社が既存の会社の場合をいう。例えば、A社がB社を完全子会社としたいと考える。A社がB社の株主から株式を全て買い取れば、B社を完全子会社とすることはできる。しかし、B社株式を金銭で買い取るとなると多額の資金を用意しなければならない。そこで、A社は、B社の株主からB社株式を取得する対価として、A社が発行する株式を交付するのである。

これに対し、株式移転は、完全親会社となる会社が新設会社の場合をいう。

2社以上が共同で株式移転をすることも可能である。例えば、A社とB社が経営統合を目指し、C社を設立し、A社とB社はC社の完全子会社となろうとする。A社とB社には株主がいるから、A社とB社の株主が保有する株式をC社に移転し、その対価としてC社が発行する株式を交付するのである。

⑵　株主・債権者の保護

　株式交換・株式移転では、株主はこれまでの会社の株主から、完全親会社の株主に代わり、直接、これまでの会社に対して議決権を行使して経営に参画したり監督したりすることができなくなる。

　そこで、会社法は、株式交換・株式移転に際し、会社に株式交換契約・株式移転計画の作成（会767、768、772、773）と、これらにつき事前の開示を求める（会782、794、803）。

　そして、効力発生日の前日までに、株式交換契約・株式移転計画につき株主総会の特別決議を求める（会783、795）。なお、略式手続・簡易手続の場合には、決議は不要となる（会784、796）。

　この株主総会決議に反対した株主、一定の新株予約権者には、買取請求権が認められる（会785、787、797、806、808）。

　なお、効力発生後、事後の開示が必要である（会791、801、811、815）。

　以上に対し、株式交換・株式移転は、株主の交替にすぎないため、債権者保護に関する手続が認められるのは限定されている（会789①三、810①三）。

⑶　株式交換・株式移転の効果

　株式交換・株式移転により、完全親子会社となる。株式交換では、株式交換契約による株式交換の日に効力が生じる（会769）。また、株式移転では、新設会社の設立登記の日に効力が生じる（会774）。

⑷　株式交換・株式移転の瑕疵があったとき

　株式交換・株式移転についても、合併と同様に、株主に差止請求権が認められる（会784の2、796の2、805の2）。

　株式交換・株式移転の手続に瑕疵があった場合、本来は無効とすべきであ

るが、法的安定性を害するので、会社法は、株式交換無効の訴え・株式移転
無効の訴えによってのみ、無効の主張を認めることとした（会828）。

　これらの訴えでも、原告適格、提訴期間の制限、判決の絶対効、将来効、
専属管轄、担保提供命令などを定めている（会828、835-839、846）。無効判決が
確定したときは、完全親会社が株式交換・株式移転により取得した株式を、
完全子会社の株主に戻すこととなる（会844）。

④　株式交付

(1)　株式交付とは

　株式交付（会2三十二の二）とは、株式会社が、他の株式会社を子会社にし
たいときに、その会社の株主から株式を取得する対価として、自社の株式を
交付する組織再編である。ここでの自社を株式交付親会社、他社を株式交付
子会社という。

　株式交換に類似するが、株式交換は他社を完全子会社とするときのみ利用
することができる組織再編である。例えば、A社が、B社を子会社としたい
が、完全子会社とまではしない、という場合には、株式交換は利用できない。
金銭でB社株式を取得することはできるが、A社にその投資資金が用意でき
ず、A社株式を対価としたい場合には、従来は、B社の株式をA社に現物出
資する形をとる必要があった。この場合、検査役の調査、A社に現物出資す
るB社株主と、募集株式を発行するA社取締役等に財産価額塡補責任が課せ
られる点が問題とされていた。このため、令和元年改正により、株式交付制
度が設けられたのである。

(2)　株主・債権者の保護

　株式交付は、株式交換に類似した制度であるため、株式交換と同様に、株
式交付親会社の株主を保護する必要がある。

　そこで、会社法は、株式交付親会社に株式交付計画の作成（会774の2）と、
事前の開示を求める（会816の2）。この株式交付計画は、原則として、株式交
付親会社の株主総会で特別決議による承認が必要である（会816の3）。

　この株主総会決議に反対した株主には、株式買取請求権が認められる（会

816 の 6)。

　なお、事後の開示が必要である（会816の10）。

　また、株式交付親会社が交付する金銭等が株式交付親会社株式に準ずるものとして法務省令で定められたもののみである場合以外のケースでは、株式交付親会社の債権者による異議手続が認められる（会816の8）。

(3)　株式交付の効果

　株式交付により、親子会社となる。株式交付計画で定められた効力発生日に、株式交付親会社が株式を取得する（会774の11）但し、効力発生日までに、株式交付子会社の株主から譲渡の申込みがあった株式の総数が、株式交付計画に定めた下限に達しないときは、株式交付親会社は譲渡の申込み者に対し、株式交付をしないことを通知しなければならない（会774の10）。また、株式交付に公開買付規制が適用される場合に、公開買付期間が延長されたときは、株式交付親会社は株式交付の効力発生日を変更することができる（会816の9）。

(4)　株式交付に瑕疵があったとき

　株式交付が法令・定款に違反する場合に、株式交付親会社の株主が不利益を受けるおそれがあるときは、株式交付親会社株主に差止請求権が認められる（会816の5）。

　株式交付の手続に瑕疵があった場合も、本来は無効とすべきであるが、法的安定性を害するので、会社法は株式交付無効の訴えによってのみ、無効の主張を認める（会828）。

　この訴えでも、原告適格、提訴期間の制限、判決の絶対効、将来効、専属管轄、担保提供命令などを定めている（会828、835-839、846）。無効判決が確定したときは、株式交付親会社が株式交付により取得した株式を、株式交付での譲渡人に戻すこととなる（会844の2）。

4．公開買付

　公開買付（TOB＝Takeover Bid）とは、大株主または多くの投資家から株式
を取得するにあたり、取得者が買付期間、買付価格、買付予定株数などを明
らかにして、市場外にて買付の勧誘をし、一括して取得する制度をいう。投
資家保護のための制度であり、一定の株式取得では公開買付により取得しな
ければならない。

　なお、発行者による公開買付が別途定められている（金商 27 の 22 の 2）。

［1］　公開買付制度の必要性

　発行済株式の過半数を取得すれば、株主総会の普通決議事項につき、例え
他のすべての株主が反対しても、自らの意思のみで可決することができる。
例えば、経営者である取締役を自らの意思のみで選任することができること
となる。また、発行済株式の 3 分の 2 を取得すれば、株主総会の特別決議事
項につき、同様に、自らの意思のみで可決することができるようになる。例
えば、定款変更や合併などの組織再編も自らの意思のみで可能となる。この
裏返しとして、発行済株式の 3 分の 1 を取得すれば、株主総会の特別決議事
項につき、自らが反対すれば、必ず否決することができることとなる。つま
り、事実上の拒否権を有することとなる。

　このように、一定の株式を取得することにより、経営者や会社事業の変更
を行うことができる。他の株主からみれば、経営に関与する権利が縮小する
こととなり、場合によっては、その株式が市場性を失い、投資家は自由かつ
適切な価格での売却ができなくなる、つまり、投下資本の回収機会を失う可
能性もある。

　このため、企業を買収しようとする者が、ごく短期間に市場外で一部の投
資家に対し市場価格よりも高い価格を示して株式の買い受けを申し出ると、
慌てた投資家が熟慮せずに売却することもあり得る。

　また、企業を買収しようとする者が、密かに、市場で株式を買い集めた場
合、流動性を少しずつ失うことにより株価が上昇していくことになるが、そ

の買い集めの目的などを知らない投資家は、株価の上昇にあわせて市場で売却することになろう。本来、企業買収により株主が得られるはずの企業買収効果を、買い集めの目的を知らずに売却した投資家は得ることができなくなる。わかりやすく言い換えれば、インサイダーのみが知っている情報を秘匿して取引したとき、その取引の相手方は将来得られるはずの利益を得られないが（または、将来生ずる損失を被る）、買い集めを知らない投資家はこのインサイダー取引の相手方と同じ立場なのである。

　このように、株式の買い集めには、投資家を保護する必要がある。そこで、一定の株式の取得には、公開買付を義務付けたのである。

②　公開買付の概要

　つぎの株式取得には、公開買付が義務となる。

公開買付が義務となる場合
①60日間で11名以上の者から市場外で買い付け、買い付け後に所有割合が5%を超える場合（金商27の2①一）
②60日間で10名以内の者から市場外で買い付け、買い付け後に所有割合が3分の1を超える場合（同二）。すでに所有割合が50%を超えている場合には適用されないが、買い付けの結果、所有割合が3分2を超える場合には適用される。
③立会外取引により買い付け、買い付け後に所有割合が3分の1を超える場合（同三）。
④3か月間に、市場内外の取引を組み合わせて、または、市場外取引と第三者割当による新株取得を組み合わせて、10%を超える株式を買い付け、買い付け後に所有割合が3分の1を超える場合であり、そのうち市場外取引が5%超含まれる場合（同四）。
⑤ある者により公開買付がなされている間に、所有割合が既に3分の1を超える他の者が対象会社の株式を取得する場合（同五）。
⑥会社が株主総会または取締役会の決定により自己株式を市場外で買い付ける場合（金商27の22の2）。

---

③　公開買付の規制内容

⑴　公開買付の流れ

　公開買付をする者は、公開買付開始公告を行い、内閣総理大臣に公開買付届出書を提出する。公開買付届出書には、①公開買付要項として、買付期間・買付価格・買付予定株式数・買付条件など、②買付者の状況、③買付の対象となる会社の状況などを記載する。

　公開買付期間は20営業日以上、60営業日以内とする（金商27の2②、金商令8①）。但し、買付期間が30営業日未満とされたときには、対象会社は30営業日まで伸長することができる（金商27の10②、金商令9の3⑥）。

　公開買付届出書を提出した買付者は、いつでも買付契約を締結することができる。また、応募する株主は、公開買付期間中はいつでも契約を解除することができる。もし、競合する公開買付が開始された場合は、先に応募した公開買付から、競合先に乗り換えることもできる。

　対象会社は、公開買付の開始から10営業日以内に、公開買付に賛成するか反対するか、または意見表明を留保するか、その理由、買収防衛策の発動予定の有無などを記載した意見表明報告書を提出しなければならない（金商27の10①、金商令13の2①）。意見表明報告書に買付者に対する質問が記載されたときは、買付者は5営業日以内に対質問回答報告書を提出しなければならない（金商27の10⑪、金商令13の2②）。

　公開買付期間が終了したときは、株式の受け渡し、代金の決済を行い、公開買付の結果を発表する。公開買付報告書を内閣総理大臣に提出しなければならない。

⑵　公開買付の取引規制

　買付者は、公開買付に応募する株主を平等に取り扱わなければならない。買付価格は均一でなければならず（金商27の2③）、買付価格を引き上げた場合は、応募された株式のすべてを引き上げ後の価格で買い付ける。なお、原則として、買付価格を引き下げることはできない（金商27の6）。

　買付予定株式数を超える応募があった場合には、超えた部分の全部または

一部の買付けをしないことを条件としていた場合に、買付予定株式数を超えた応募があったときは、比例按分によって買い付ける（金商27条の13⑤）。

　但し、買付後の所有割合が3分の2以上となる場合には、応募された株式の全部の買付義務を買付者に課している（金商27条の13④）。

　また、公開買付期間中、買付者には公開買付によらない取得を禁止している（金商27の5）。大株主にのみ有利な価格で買い付けることを不平等として認めない趣旨である。しかし、公開買付開始前に買付契約を締結し、届出書に記載しているときは、買い付けが認められる。

5．経営者による買収

　ここまで、会社による他社の買収をみてきたが、このほかに投資家による買収、経営者による買収もある。

　ここでは、経営者による買収（MBO）をみる。

1　MBO とは

　株式会社の経営は、会社の持続的成長と中長期的な企業価値の創出という観点から行われるべきである。しかし、一部の投資家は、より短期的な利益を求める傾向がある。このため、経営者である取締役が企業の事業構造を変革しようとしても、それにより一時的に大きな損失が計上される、短期的には利益を生み出さない、などの事情があるときに、これら投資家が反対し、事業構造の変革が遅滞する可能性がある。このような場合に、取締役などが、自社の株式を投資家から買収し、一旦、株式市場から退出することがある。これを MBO（Management Buy Out）という。

2　MBO の手法

　MBO では、投資家から株式を買収する必要があるから、多額の資金を必要とする。このため、投資ファンドなどと共同で、MBO のための会社を設立し、この会社を主体として公開買付（TOB）を行うのが一般的である。

　上場会社では、TOB により多くの株式が買い付けられた結果、上場廃止と

なる。これを株式の非公開化という。しかし、TOBへの応募は株主の任意であるから、TOBに応募せず、株主として残る株主もいる。経営者・経営者に賛成する株主側が、完全に議決権を支配するためには、TOBに応募しなかった株主を会社から締め出す（スクイーズ・アウト）必要がある。

　なお、MBOに投下した資金の回収方法としては、TOB成立後、自社と、このMBOのための会社を合併し、自社の資金により、投資ファンドに資金を環流させる方法がある。これをLBO（Leveraged Buyout）という。また、MBOにより経営者により事業構造の変革が行われた後、株式市場に再上場し、株式の譲渡により出資した資金を回収することもできる。

③ スクイーズ・アウトの手法

　スクイーズ・アウトの手法として、特別支配株主に該当することとなったときは、株式等の売渡請求により締め出す方法が簡便である。特別支配株主に該当しないときは、全部取得条項付種類株式を用いて締め出す方法、株式併合により1株未満の株主として金銭を交付して締め出す方法、金銭を対価とする株式交換がある。

⑴　特別支配株主による株式等売渡請求

　株式会社の議決権の10分の9以上を直接もしくは間接に保有する株主（特別支配株主）は、他の株主が保有する当該会社の株式・新株予約権・新株予約権付社債のすべてを、金銭を対価として売り渡すことを請求することができる（会179）。

　この株式等売渡請求により、対価として金銭を支払うことで他の株主を会社から締め出し（キャッシュ・アウト）、特別支配株主による100％子会社とすることができる。

　株式等売渡請求は、特別支配株主と他の株主との関係で、株式の売渡が行われる。つまり、当該会社を経由しない。このため、他のスクイーズ・アウトの方法と異なり、当該会社の株主総会を開催して承認を得る必要がなく、時間と事務費用の節約となる。

　もっとも、特別支配株主が株式等売渡請求をするときは、対価の額、取得

日など法定の事項を定め（会179の2）、当該会社に承認を求めなければならない（会179の3）。この承認は、取締役会設置会社では、取締役会の決議により行われる。当該会社は、承認をしたときは、取得日の20日前までに売渡が求められる株主（売渡株主）に法定の事項を通知し、売渡が求められる新株予約権者・売渡株式の登録質権者には通知または公告する（会170の4）。

　また、当該会社は、事前の情報開示（会179の5、会規33の7）、事後の情報開示（会179の10、会規33の8）を行う。

　売渡株主等は、①株式売渡請求が法令に違反する場合、②情報開示義務の違反があった場合、③対価が当該会社の財産の状況その他の事情に照らして著しく不当な場合には、売渡株式等の全部の取得の差止めを請求することができる（会179の7）。また、売渡株主等は、取得日の20日前から前日までの間に、裁判所に対し、対価の決定の申立てができる（会179の8）。なお、株式等売渡請求による売渡株式等の全部の取得が違法であったときは、売渡株式等の取得の無効の訴えによってのみ、主張することができる（会846の2）。原告適格・提訴期間制限があり、無効が認められたときの効力は、絶対効（対世効）、将来効である（会846の7、846の8）。

(2)　全部取得条項付種類株式

　株式会社は、株主総会の特別決議により、全部取得条項付種類株式を取得することができる（会108①七）。これにより、最終的に対価として金銭を支払うことで他の株主を会社からキャッシュ・アウトすることができる。

　株主総会では、取得対価、取得日などを定める。取得日に効力が生じる。当該会社には、事前の情報開示（会171の2）、事後の情報開示（会173の2）が求められる。

　全部取得条項付種類株式の取得が法令または定款に違反する場合、株主が不利益を受ける可能性がある場合には、株主に差止請求が認められる（会171の3）。また、株主総会で反対した株主には、裁判所に対する価格決定申立権が認められる（会172）。

⑶　株式併合

　数個の株式を、その数より小さい数の株式（例えば、10株を1株）にすること
を株式併合という。株式会社は、株主総会の特別決議で、株式併合をするこ
とができる（会180）。

　この株式併合の結果、1株未満となった株式については、端数株式を集め
て競売、もしくは、市場価格がある株式は市場価格での売却もしくは買い取
り、市場価格のない株式でも裁判所の許可を得て競売によらずに売却もしく
は買い取りし、代金を分配することができる（会235）。

　このため、スクイーズ・アウトしたい株主をすべて1株未満となるように
株式併合し、端数株式の代金の分配をすれば、キャッシュ・アウトすること
ができる。

　この株式併合でも、当該会社は株主総会で、株式併合の割合、株式併合の
効力発生日など法定の事項を定める（会180②）。効力発生日に株式併合の効力
が生じる。当該会社には、事前の情報開示（会182の2）、事後の情報開示が求
められる（会182の6）。

　株式併合により1株未満となる反対株主には株式買取請求権が認められる
（会182の4）。また、株式併合が法令または定款に違反する場合、株主が不利
益を受ける場合には、株主は株式併合の差止めを請求することができる（会
182の3）。

4　利益相反性

　このMBOでは、本来、自社の株主の利益のために業務執行をする取締役
等が、自社の株式を株主から買い受けることとなり、構造的な利益相反が指
摘できる。このため、MBOにおけるTOB価格の公正性の確保が問題（例え
ば、レックス・ホールディングス事件、東京高決平成20・9・12金判1301号28頁）とな
ることから、第三者によるTOB価格の評価、社外取締役による検証が必要
となる。

　株主がTOB価格に不服の場合、TOBに応募しない、という選択肢を取る
こととなる。その場合でも、前述の通り、会社から締め出される可能性があ
るが、株式等売渡請求の場合には売渡株式等の売買価格決定申立（会179の8

①)、全部取得条項付種類株式の場合には取得価格決定申立（会172①）により裁判所の判断を求めることが可能である。

　なお、経営者側が残存する株主を締め出さなかった場合、残存する株主は議決権を行使できるし、剰余金の配当があればそれを受け取ることもできる。しかし、株式の非公開化により、株式市場を通じて売買することができず、残存株主には投下資本の回収が困難となるリスクがある。

6．独占禁止法による規制

　合併・分割・共同株式移転・事業譲渡・株式保有・役員兼任について、独占禁止法は企業結合に関する規制を設けている（独禁15、15の2、15の3、16、10、13)。

　企業結合により一定の取引分野における競争を実質的に制限することとなる場合、または、企業結合が不公正な取引方法によるものである場合には、その企業結合を禁止する。但し、独占禁止法上の問題が解消される場合は、企業結合を容認することとなる。

　このため、企業結合のうち、一定の要件に合致するものについては、公正取引委員会への事前届出を義務付けている。この事前届出受理の日から30日間は、原則としてその企業結合を禁止されている。

第9章　会社の会計

　株式会社は所有と経営が分離されている会社である。また、株主は、会社によるビジネスのリターンを受けることを期待して、出資している。このため、経営者が、出資された資金をどのようにビジネスに投下し、運用して、利益を得ているのか、また、その利益から、株主に分配をしているのか、知る必要がある。

　また、株主は有限責任しか負っていないから、会社が債権者に弁済できなくなると、その損失は最終的には債権者に帰属する。このため、会社債権者が取引をする前提として、会社は弁済能力を明らかにする必要がある。

　本章では、これらの必要性から定められた、株式会社の会計、資本制度、剰余金の分配についての規律をみることにしよう。

1. 会社を定量的に測る

1　会計の目的

　会社は日々ビジネスをしているが、これらのビジネスを数値で記録していく、つまり、会社の活動を定量的に測るのが、「会社の会計」である。

　会社のビジネスは自由であるとすると、会計を自由に記録することもできるはずだが、会社法は、この「会社の会計」について、規制を設けている。会社法が会計について規制を設けている理由は、主に2点ある。まず、株主や会社債権者に対する情報提供、そして、剰余金分配の規制、である。

　前者については、①会社は株主が会社に対して出資した資金によりビジネスを行い、利益を生み出している以上、株主に対して一定の品質により資金の活用状況と運用成果を説明する義務がある、また、②株主有限責任の原則

により、会社の財産が不足し債権者に支払いができなくなったときに、株主は追加で出資する義務を負わないため、債権者自らリスクを引き受けなければならないことから、債権者が会社と取引するリスクを自己判断できるよう情報を提供する必要があるためである。

　後者については、会社は株主に対して剰余金を分配することから、その剰余金の額を確定させるためである。剰余金の分配は、会社にとり対価のない支払いであるから、一方的に会社財産を減らすこととなる。会社財産の減少は債権者に弁済するための資産の減少であり、株主有限責任の原則から株主は追加で出資する義務を負わないため、対価のない支払は会社債権者を害するおそれがある。このため剰余金の額に限って分配を認める必要があることから、剰余金の額を確定させる必要がある。

2　規制内容

　会社法は、会社の会計について「一般に公正妥当と認められる企業会計の慣行に従うものとする」（会431）と定め、詳細については会社計算規則を置いている。この「公正妥当と認められる企業会計の慣行」とは、企業会計原則、その他の会計基準をいうが、それに限られるものでもない。現在、会計基準は、財務会計基準機構の企業会計基準委員会で開発されているほか、国際財務報告基準（IFRS）の利用も進んでいる。中小企業では簡便な方法として「中小企業の会計に関する指針」による計算書類の作成が推奨されている。

　また、金融商品取引法は投資家が適時適切な情報に基づき自己責任で投資を決定できるよう保護を図っており、上場会社などの金融商品取引法適用対象の会社は、財務諸表等の用語、様式及び作成方法に関する規則（財務諸表等規則）に従った財務諸表も作成している。

3　会計帳簿の作成と保存義務

　会社は、計算書類規則に基づき、適時に、正確な会計帳簿を作成しなければならない（会432①）。会計帳簿とは、総勘定元帳、補助簿、仕訳帳、仕訳伝票などをいう。総勘定元帳は複式簿記により作成される。

　この会計帳簿と事業に関する重要な資料については、会計帳簿の閉鎖の時

から10年間保存しなければならない（会432②）。会計帳簿は証拠書類となる。裁判所は申立てにより、または職権で訴訟の当事者に対し、会計帳簿の全部または一部の提出を命ずることができる（会434）。提出命令に応じない場合、訴訟の相手方の主張を認める効果がある（民訴224）。

④　会計帳簿閲覧請求権

　会社は株主に対し会計に関する説明責任を負い、計算書類を提供しているが、さらに少数株主権としてより直接的に会計帳簿を閲覧することを認めている。これを会計帳簿閲覧請求権という。

　閲覧ができる株主は、総株主の議決権の100分の3（定款で要件を引き下げることはできる）以上の議決権を有する株主、または自己株式を除く発行済株式の100分の3（定款で要件を引き下げることはできる）以上の数の株式を保有する株主である。これらの株主は、請求の理由を明らかにして、営業時間内は、いつでも、会計帳簿またはこれに関する資料の閲覧及び謄写を請求することができる（会433①）。問題となりえるのは、「会計帳簿またはこれに関する資料」の範囲である。これについては限定説と非限定説が対立している。限定説は、契約書や信書等は会計帳簿作成の記録材料として用いられない限り含まれないと解する。これに対し、非限定説は、会計に関する帳簿・書類を調査するために必要と認められる限り直接会計に関する書類である必要はないとする。

　請求の理由は具体的に記載する必要があるが、その理由を基礎づける事実が客観的に存在することの立証までは必要とされない。

　しかし、会計帳簿には、ビジネスにおいて秘匿すべき情報も含まれており、これらがライバル企業に渡り会社が不利になるなど、株主全体の利益を損なう事態も十分予想される。このため会社法は、つぎのいずれかに該当する請求には、拒絶することが認められている（会433②）。

①請求する株主がその権利の確保または行使に関する調査以外の目的で請求を行ったとき。
②請求する株主が会社の業務の遂行を妨げ、株主の共同の利益を害する目的で

　請求を行ったとき。

③請求する株主が会社の業務と実質的に競争関係にある事業を営み、またはこれに従事するものであるとき。

④請求する株主が会計帳簿またはこれに関する資料の閲覧または謄写によって知り得た事実を利益を得て第三者に通報するため請求したとき。

⑤請求する株主が、過去2年以内において、会計帳簿またはこれに関する資料の閲覧または謄写によって知り得た事実を利益を得て第三者に通報したことがあるものであるとき。

　また、会社の親会社社員（親会社の株主など）は、その権利を行使するため必要があるときは、請求の理由を明らかにし、裁判所の許可を得て、会計帳簿またはこれに関する資料の閲覧及び謄写を請求することができる（会433③）。拒絶事由に該当するときは、裁判所は許可をすることはできない（会433④）。

　この請求拒絶事由は制限的に列挙されたものである。請求者がいずれかの事由に該当することは、会社が立証しなければならない。

　会社が拒絶した場合に、緊急性があり不服のある株主は裁判所に対して閲覧及び謄写を求めて仮処分を請求することができる。しかし、仮処分を認め、一旦、会計帳簿を閲覧及び謄写させると、本訴に及ぶことなく、請求した株主は目的を達することなるため、その可否については議論がある。

⑤　計算書類の作成

　会社は決算日を定め、決算日の翌日からつぎの決算日までの期間を一事業年度とし、その事業年度に関する計算書類、事業報告、これらの附属明細書を作成しなければならない。

　これらの書類は、監査役などの監査を受け、取締役会の承認後に、原則として、株主総会に提出し、事業報告を報告し、計算書類の承認を行う（会438）。この承認決議により計算書類は確定する。しかし、会計監査人設置会社であって、計算書類が法令定款に従い会社の財産及び損益の状況を正しく表示しているものとして法務省令で定める要件に該当する場合は、取締役会で承認決議すれば、株主総会では報告により足りる（会439）。例えば、監査役会設置会社である会社で、会計監査人の無限定適正意見があり、これを不相当

とする監査役会の意見と監査役の意見の付記がないときがこれにあたる。

　計算書類とは、つぎの書類をいう。

---

①貸借対照表

　決算日など、一定の日における会社の財政状態を明らかにする計算書。会計帳簿から、資産、負債、純資産を誘導して作成する。

②損益計算書

　一事業年度など、一定の期間における会社の経営成績を明らかにする計算書。会計帳簿から、収益及び対応する原価、並びに費用・損失を誘導して作成する。

③株主資本等変動計算書

　一事業年度など、一定の期間における株主資本等の変動を明らかにする計算書。貸借対照表と損益計算書を連結する役割を有する。

④個別注記表

　①から③の計算書に係る注記事項、重要な会計方針等の注記を表示する。

　また、事業報告とは、会社の状況に関する事項、内部統制システムに関する事項などを内容とする。

　附属明細書は、計算書類、事業報告の内容を補足する重要な事項を表示する書類である。

　近時、会社はグループ会社を形成して、ビジネスを展開することが多いが、会計監査人設置会社では、会社及びその子会社から成る企業集団の財産及び損益の状況を示すため、連結計算書類の作成ができる。事業年度末日において大会社であり、かつ、金融商品取引法上の有価証券報告書提出会社は、連結計算書類の作成が義務である（会444）。

　計算書類とその附属明細書は作成した時から10年間保存しなければならない（会435④）。

　なお、事業年度中の一定の日を臨時決算日として臨時計算書類を作成することができる。この臨時計算書類を作成することにより、臨時決算日までの損益を剰余金の分配可能額に含めることが認められる（会461②）。

6　計算書類の開示

　取締役会設置会社では、取締役会の承認を受けた計算書類と事業報告を、定時株主総会の招集通知とともに株主に提供する（会437）。

　また、会社は計算書類及び監査報告を、会社の本店では定時株主総会の会日の2週間前（取締役会を設置しない会社では1週間前）から5年間、支店ではその写しを3年間備え置かなければならない。株主及び会社債権者は閲覧及び謄写を求めることができる。親会社の社員等（株主等）は、自己の権利を行使する必要がある場合に、裁判所の許可を得て閲覧及び謄写を求めることができる（会442）。

　定時株主総会の終結後、会社は遅滞なく貸借対照表（大会社では貸借対照表及び損益計算書）を公告しなければならない（会440）。公告方法が官報または日刊新聞紙である場合には、要旨の公告でよい。インターネットのウェブサイトで、定時株主総会終結の日の後5年間、公開する（調査機関の調査は不要）ことも認められており、この場合にはURLを登記する。

2．資本金とはなにか

1　資本金

　資本金とは、原則として、株式を引き受けた者の払込金額である。しかし、払込金額の2分の1を超えない額は資本金とせず、資本準備金とすることができる（会445）。

　資本金は、株主有限責任の原則のもと、会社債権者を保護するための機能を有する。株主は剰余金の分配を受けるが、この分配は対価のない支払いであるので、分配により会社財産は減少する。株主有限責任のもと、株主は追加で出資する義務はないため、会社債権者に対して弁済に充てる資産は会社の財産のみである。このため剰余金の分配は、会社債権者の権利を損なう可能性をもつ。だからといって、剰余金の分配を禁止すると、会社に出資するメリットが大きく損なわれる。そこで、剰余金の分配をする際に、資本金と

資本準備金を含む法定準備金を超えた部分に限ることとした。このように、資本金や法定準備金は、株主と債権者の利害を調整した制度である。

　資本金や法定準備金は計数上の存在である。資本金や法定準備金の額に相当する財産を金銭で持つことを求めるものではなく、どのような形で保有しても構わない。

　資本金について、過去には、資本充実の原則、資本維持の原則、資本不変の原則、資本確定の原則が説明されていた。このうち、資本金の額に相当する財産が会社に維持されているという資本維持の原則は、剰余金分配規制として残っている。

　なお、資本金は登記事項である（会911③五）。

2 法定準備金

　資本準備金と利益準備金を法定準備金という。剰余金の配当をするにあたっては、準備金の総額が資本金の4分の1に達するまで、配当額の10分の1を資本準備金または利益準備金として積み立てなければならない（会445④）。

3 資本金の増加

　払込を受け新株の発行をしたとき、組織再編などによって資本金は増加するが、このほかに、株主総会の決議により準備金や剰余金から資本金に組み入れることができる（会448、450）。

4 資本金の減少

　株主総会の決議と会社債権者異議手続により、資本金を減少することができる。

　まず、株主総会の決議については、①減少する資本金の額、②減少する資本金の額の全部または一部を準備金とするときには、その旨と準備金とする額、③資本金の額の減少の効力発生日を、原則として特別決議により定める（会447①）。しかし、マイナスの分配可能額の範囲で欠損を填補する場合は普通決議でよい（会309②九）。

　また、会社債権者異議手続は、①資本金の額の減少の内容、②会社の計算

書類に関する事項として会社計算規則に定めるもの、③債権者が1か月以上の期間内に異議を述べることができる旨を官報に公告し、かつ、知れている債権者には個別にこれを催告しなければならない（会449）。但し、官報に加えて日刊新聞紙または電子公告で公告するときには、個別の催告は不要である。

　債権者がこの期間内に異議を述べたときは、資本金の減少がその債権者を害するおそれがない場合を除き、①弁済をするか、②相当の担保を提供し、③信託会社等に対し、その債権者に弁済を受けさせることを目的とした信託、のいずれかをしなければならない。

　以上の手続等に瑕疵があるときは、資本金減少無効の訴えによってのみ主張することができる。この訴えの提訴期間制限は効力発生日より6か月であり、原告適格は株主、取締役、清算人、監査役、執行役、破産管財人、資本金減少を承認しなかった債権者である（会828）。無効判決が確定した場合、その効力は対世効であるが（会838）、遡及はしない（会839）。

⑤　準備金の減少

　株式会社は準備金の額を減少させることができる（会448）。その手続は、資本金の減少とほぼ同様であるが、株主総会決議は普通決議であること、準備金のみを減少させる場合に定時株主総会で決議し、減少額により欠損を填補する場合には債権者異議手続は不要となる（会449①）。

3．株主への配当

①　剰余金の分配規制

　会社の株主が株式を保有する経済的メリットには2つある。ひとつは株式を譲渡することにより得るキャピタルゲイン、もうひとつは会社から受ける剰余金の配当によるインカムゲインである。後者は、会社は永続することを前提に、定期的に株主にビジネスからの利益を分配するものである。

　剰余金の配当は、会社から株主への一方的な利益の分配であり、株主は会

社に対して対価を与えない。このため、会社が剰余金の配当をすると、会社財産が減少することから、株主有限責任の下では債権者の利益を損なう可能性がある。

　そこで、会社法は、剰余金の配当を含め、剰余金の処分のうち、会社から財産が流出するものについては、債権者を保護するため、横断的な規制を設けている。つまり、金銭による配当、現物による配当のほか、自己株式の取得についても剰余金の分配として規制の対象とし、この規制の範囲内であれば、債権者異議手続を行うことなく、剰余金の分配を認めた。

　規制の内容としては、①分配可能額規制、②取締役等の期末の欠損塡補義務の2つである。

② 剰余金の配当手続

(1) 金銭による配当

　配当にも株主平等原則が適用される。配当は、株式（種類株式発行会社では種類株式）ごとに平等でなければならない。

　原則として株主総会にて普通決議で定める（会454）。例外として①会計監査人設置会社かつ監査役会設置会社において取締役の任期を1年以内と定めている会社、②監査等委員会設置会社、③指名委員会等設置会社は、定款で定め、最終事業年度に係る計算書類が法令及び定款に従い会社の財産及び損益の状況を正しく表示しているものとして会社計算規則に定める要件に該当している場合は、取締役会にて剰余金の配当を決定することができる（会459、計規155）。この例外は、特定者からの場合を除く自己株式の有償取得、欠損塡補のための準備金減少、財産の流出を伴わない剰余金の処分にも適用される（会452）。

　なお、この例外に関する定款の規定を置いたときには、株主総会にて剰余金の配当に関する決議ができない旨を定款で定めることができる（会460）。この定款の定めを置くと、株主は剰余金の配当に関する提案権を行使することができない。

(2)　現物による配当

　この金銭による配当のほか、現物による配当も可能である。現物に代えて、金銭の交付を請求する権利を与えることもできる。一定数未満の株式を有する株主には配当財産の割当をしないこともできる（会454④）。現物配当を行うには、株主総会の決議は特別決議が必要であり、取締役会決議による例外は適用されない。しかし、現物に代えて、金銭の交付を請求する権利を与える場合には、株主総会の決議は普通決議でよく、取締役会決議による例外も適用される。

　この現物配当は、人的分割（分割の対価を分割会社の株主に交付する）の結果を得るときにも利用される。

(3)　配当の制限

　会社の純資産額が300万円を下回るときは剰余金の配当はできない（会458）。平成17年改正前商法と有限会社法では最低資本金制度があり、新事業創出促進法が適用される会社でも純資産額が最低資本金（株式会社では1,000万円、有限会社では300万円）に満たない場合には配当ができなかった。これらの規定は廃止されたが、会社法でもこの配当制限を引き継いだものである。

　また、分配可能額を超えて剰余金の分配をすることはできない（会461）。

(4)　配当の時期

　配当の時期に制限はない。一般的には、事業年度終了により決算をし、配当する期末配当を行う。加えて、事業年度中に1回に限り、株主総会の決議を要さずに、中間配当をすることができる（会454⑤）。これは、過去において、年二回決算をしていたことに由来する。

　臨時に基準日を設けて公告し、剰余金の配当をすることも可能である。

(5)　配当金支払請求権

　どの時点における株主が配当金を受けることができるか。剰余金配当の効力発生日の株主ということも考えられるが、効力発生日の株主を確定する手続を考慮し、基準日現在の株主名簿に記載されている株主に対して支払うこ

とを定款で定めている会社が多い。基準日から効力発生日までの期間は3か月以内とされている（会124）。

　効力が発生した配当金支払請求権は、株式から独立した権利である。

　配当金は持参債務であり、国内に所在する株主に届けるための費用は会社が負担する（会457）。一般的には、株主が届けている銀行口座への振り込み、または、配当金を支払うための証書を送り、株主が金融機関で受け取る。

3　分配可能額規制

　会社債権者を保護するため、会社は分配可能額を超えて、剰余金の分配をしてはならない。分配可能額とは、最終事業年度末日の「その他資本剰余金」と「その他利益剰余金」の合計額を起点として、自己株式の帳簿価額、会社計算規則で定める額などを控除して計算する（会461）。

　この規制は、剰余金の配当のほか、譲渡制限株式の買取、子会社からの自己株式の取得、市場取引や公開買付による自己株式の取得、株主との合意による自己株式の取得、全部取得条項付種類株式の取得、相続人等に対する売渡請求による取得、所在不明株主の株式の買取、端数処理手続による取得にも適用される。

4　違法な剰余金分配があったとき

(1)　違法な剰余金分配

　分配可能額規制を超える分配は違法であり、そのような剰余金分配の決議は法令違反の無効な決議となる。

　このため、①会社は、株主に対して、その返還を求めることができる（会462①）。②会社債権者は、債権額を上限として、直接、株主に対し自分に返還することを求めることができる（会463②）。また、③業務執行者、株主総会や取締役会に剰余金分配の議案を提出した者は、分配額を会社に支払う義務を有する。この義務は過失責任であるが、分配可能額規制は会社債権者の保護のために設けられているものであるから、分配可能額を超える部分については、会社債権者の同意によっても免除することはできない（会462②③）。

⑵　分配可能額を超える自己株式の取得

　会社法が定める一定の株式買取請求権に応じて株式を取得した際に、分配可能額を超えていた場合には、その職務を行った業務執行者は、連帯して、会社に対してその超過額を支払う義務を負う（会 464）。この責任は過失責任であり、総株主の同意により免除することができる。違法な剰余金の分配の場合に、総株主の同意によっても免除できないことと比べ不整合であるが、これは平成 17 年改正前商法を継承したものである。

⑶　期末の欠損塡補責任

　分配可能額規制を遵守していたとしても、期末に欠損が生じた場合には、業務執行者は連帯し、その分配額を上限として、会社に対し欠損を塡補する義務を負う（会 465）。この責任は過失責任であり、総株主の同意により免除することができる。

第10章　清　算

　自然人と異なり、会社は永続的な存在である。しかし、後継者不足、事業不振、事業の継続を株主が望まないなど、さまざまな理由により、会社を解散し、会社の法律関係を清算することがある。清算手続では、事業を終了し、債権者に対する弁済を行い、弁済後に会社に残った財産は株主に分配することとなる。また、会社にすべての債務を弁済する財産がないときは、債権者に債権額に応じて平等に弁済するために、倒産手続のひとつである特別清算の手続を取ることとなる。

　本章では、このような会社の解散及び清算についてみることにしよう。

1．会社の解散

　会社の解散とは、会社の法人格を消滅させる原因をいう。解散しても直ちに法人格を失うわけではない。事業を終え、会社の債権債務を清算し、最終的に会社に残った財産を出資者である株主に分配する清算手続を終えて、法人格が消滅する。

　株式会社は、つぎの事由により解散する（会471）。

①定款で定めた存続期間の満了

　稀ではあるが、定款で会社の存続期間を定めているときは、その期間の満了により、会社は解散する。もっとも、その定款の定めも定款変更の手続きにより、変更または廃止することができる。

②定款で定めた解散事由の発生

　こちらも稀であるが、定款で会社の解散事由を定めているときは、その事由の発生により、会社は解散する。この定款の定めも定款変更の手続きにより、変更または廃止することができる。

③株主総会の決議

　経営者の世代交代時期を迎えた中小企業では、後継者不足が問題となっている。M&Aで会社や事業を売却できればよいが、買い手がなく、会社を閉じ、清算により会社への出資を現金化するケースが見受けられる。また、事業の縮小傾向を受け、会社に財産が残っている間に、やむなく会社の事業を終えるケースもある。このほか、株主側から事業の継続よりも株主に資本を返すべきと主張されることもある。いずれにせよ、株主総会の特別決議により、会社を解散して、株主に残余財産を分配することとなる。

　なお、事業を全部譲渡して抜け殻となってしまった場合でも、そのままでは会社は存続することから、法人格を消滅させるためには解散を決議し、清算する必要がある。

④合併

　合併により消滅する会社は解散する。

⑤破産開始手続開始決定

　会社が、債権者に対し約定に従った弁済ができなくなり支払を停止したとき、または、債務超過となったときに、事業の継続を断念するに至ったときは、財産を換金し、債務者に平等に弁済するために、取締役・清算人は裁判所に対して破産を申し立てることができる（破産15、16、19①二、同②）。また、債権者も会社の破産を申し立てることができる（破産18）。この申し立てを受け、破産手続開始原因が認められ、申し立てに不誠実性などがない場合、裁判所は破産手続開始決定をする（破産30①）。この破産手続開始決定により、会社は解散することとなる。

⑥解散命令・解散判決

　会社が不法な目的に基づいて設立された場合、業務執行取締役が法令・定款で定める会社の権限を逸脱・濫用し、または刑罰法令に抵触する行為をしたときに、法務大臣から書面による警告がなされたにもかかわらず、継続的または反復してその行為をした場合などに、法務大臣・株主・債権者その他の利害関係人の申し立てにより、裁判所が会社の解散を命ずる（会824）。

　また、株主総会で解散を求める特別決議が認められなかったものの、株主の正当な利益を保護するためには、会社の解散しかない場合には、少数株主

は、裁判所に会社の解散を求める訴えを提起することができる（会833）。

　この少数株主とは、総株主の議決権の10分の1以上の議決権を有する株主、または発行済株式総数の10分の1以上の数を有する株主（いずれも定款で軽減することができる）である。

　この解散の訴えを提起するには、①会社が業務執行において著しく困難な状況に至り、会社に回復することができない損害が生じ、または生じるおそれがあるとき、③会社の財産の管理または処分が著しく失当であり、会社の存立が危ういとき、のいずれかであり、かつ、やむを得ない事由があることが必要である。

　近時、大株主である会社経営者に相続が発生し、相続人が株式を相続したものの、相続人間で経営に関する意見対立が生じ、議案に対する意見が完全に割れ、いずれの立場から提出された株主総会議案も、過半数を得られず会社の意思決定ができなくなったとき（デッドロック）に、この解散判決を求める事案が見受けられる。

⑦休眠会社のみなし解散

　残念ながら、実態として、会社の解散手続をせず、経営者が失踪する（俗に「夜逃げ」という）場合、その他、事業を停止したまま放置するケースがある。

　株式会社では、どんな会社であっても、取締役が選任されており、この取締役の任期は最長でも10年である。取締役は登記事項であるから、正常に活動している会社であれば、少なくとも10年間に1度は、登記が行われるはずである。そこで、12年間、一度も登記がなされない場合、法務大臣が事業を廃止していないことの届出をするよう官報に公告し、登記所は会社に通知する。公告の日から2か月以内に、会社が、事業を廃止していないことの届出、もしくは、取締役登記などを行うことがない場合、期限の翌日に、会社は解散したものとみなされる（会472）。

　なお、解散したものみなされた会社も、3年間は株主総会で会社継続の決議をすることができる（会473）。

2．会社の清算

　会社が解散すると、取締役は退任し、清算人による清算手続に入る。また、設立無効の訴え、株式移転の無効の訴えが認められたときも清算が開始する（会475）。清算手続を終えることを清算結了という。清算結了により、法人格が消滅する。

　なお、解散しても、監査役は当然には退任しないことに注意が必要である。また、株主総会は存続し、株式の譲渡もできる。

⑴　清算人
　清算事務を行うのは清算人である。清算人には、解散時の取締役が就任するのが原則であるが、定款の定め、または株主総会決議により、別の者を清算人に選任することもできる（会478①）。裁判所が清算人を選任する場合もある（会478②）。清算人は1人でよいが、複数選任されたときは、原則として清算人の過半数により清算事務を決定する（会482②）。清算人会（会477②、③）、代表清算人（会483）の定めがある。

　会社の実情により、清算事務が短期間で終わることも、長期間要することもある。清算人の任期は定められていない。裁判所が選任した清算人を除き、株主総会の普通決議で清算人をいつでも解任することができる。また、重要な事由があれば、少数株主は裁判所に解任を求めて訴えることもできる（会479）。

　清算人の地位については、取締役の規定の多くを準用する（会491）。清算人の権限は、①現務の結了（解散により残された業務を終了させること）、②債権取立・債務弁済、③残余財産の分配、とされる（会481）。清算事務である限り、これに限られないが、事業活動はできない。

⑵　清算手続
　会社の清算手続には、通常清算と特別清算がある。

①通常清算

　清算人により、現務の結了、債権取立・債務弁済を行う。債務弁済に関しては、清算開始後遅滞なく官報にて、2か月以上の定めた期間内に債権の申出をするよう催告し（会499）、この期間経過後に、申し出た債権者と知れたる債権者に弁済する。弁済期がまだ到来していない債務、条件付の債務、期間不確定の債務も弁済する。この期間内に申し出なかった債権者は除斥される（会503）。この後、会社に残った財産は、株主に帰属する。株主への残余財産の分配は、原則として所有株式に応じた分配であるが、残余財産分配に関する種類株式が発行されている場合は、その種類株式の内容に従う（会504-506）。

②特別清算

　特別清算は、倒産手続のひとつであり、裁判所の監督のもとに清算手続を行う。会社に債務超過の可能性がある場合、清算人は裁判所に特別清算の申し立てをしなければならない（会511②）。また、債務超過の有無にかかわらず、債権者・清算人・監査役・株主は、特別清算の申し立てをすることができる（会511①）。この場合、裁判所は、①清算の遂行に著しい支障を来たす事情が認められる場合、②債務超過の疑いがある場合、には、特別清算の開始を決定する（会510）。

　特別清算では、清算人が一定額以上の財産の処分をするなどには、裁判所の許可が必要となる。債務の弁済は債権者平等原則のもとに、原則として、債務の金額に応じた比例按分（プロラタ方式）による。この弁済内容は、債権者集会で、多数決による「協定」により、裁判所の認可を得る（会567-569）。①協定が成立する見込みがないとき、協定が否決されたとき、及び裁判所が協定を認可しなかったとき、②協定の実行の見込みがないとき、③特別清算によることが債権者の一般の利益に反する場合に、会社に破産手続開始原因があると認められるときは、裁判所は職権で破産手続の開始を決定する（会574①）。

　なお、倒産手続として、個別の強制執行の停止などの手続が整備されている。

第11章　外国会社

　最後に、外国で設立された会社が、我が国で事業を行う場合についてみることにしよう。日本法以外の法律により設立された法人であっても、我が国の民法は権利能力を認める制度を設けており（民35）、日本国内で事業を行うことができる。

　外国会社が日本国内で事業を広く展開する結果、この外国会社と取引をする債権者も多数に上ることになることから、これら利害関係人を保護する必要がある。このため、会社法は、外国会社に関する規律を設けている。

　また、他の会社法の規定について、外国会社に適用される場合には、条文に明記している。

1．外国会社の規制

(1)　日本における代表者

　外国会社が日本国内で取引を継続して行おうとする場合には、日本における代表者を定めなければならない。この代表者のうち、少なくとも1人は、日本に住所を有する者でなければならない（会817）。

　この代表者については、住所・氏名を登記しなければならないが、登記した代表者がすべて退任する場合には、会社債権者異議手続をしなければならない（会820）。この手続を終えてからでないと、退任の効力は生じない。

(2)　登記

　会社について登記をしなければ、取引を継続して行うことはできない（会818①）。この登記をせずに、取引をした者は、相手方に対し、外国会社と連帯して、取引による債務につき弁済する責任を負う（会818②）。また、この登記

事項には、代表者の住所・氏名のほか、設立準拠法も含まれる（会933②）。また、日本国内に営業所を設けたときには、営業所に関する事項も登記する（会933③）。

(3)　債権者の保護

債権者を保護するため、外国会社が株式会社である、または株式会社に類似する場合には、貸借対照表等の公告が必要である（会819）。

また、外国会社の日本国内所在の財産につき、裁判所により清算手続を開始する制度が設けられている（会822）。

(4)　裁判管轄

外国会社と争いが生じた場合、①日本国内に営業所が設けられている場合には、その営業所の業務に関する訴え、②日本国内に営業所が設けられていないときは、日本国内での業務に関する訴え、について、日本の裁判所に管轄権がある（民訴3の3）。

(5)　裁判所による命令

法務大臣・利害関係人の請求により、外国会社に対し、裁判所は日本での取引継続の停止、営業所の閉鎖を命ずることができる（会827）。

2．類似外国会社の規制

日本の会社法の適用を回避するための外国会社を認めることはできない。そこで、会社法は、日本に事実上の本店を置き、または、もっぱら日本で事業を行うことを目的とする外国会社は、日本国内において取引を継続して行うことはできない（会821①、979）。この規制に違反して取引を行った者は、相手方に対し、外国会社と連帯して、取引による債務につき弁済する責任を負うとされている（会821②）。

主要参考文献

江頭憲治郎『株式会社法（第 8 版)』（有斐閣、2021 年）

神田秀樹　『会社法（第 23 版)』（弘文堂、2021 年）

田中亘　　『会社法（第 3 版)』（東京大学出版会、2021 年）

近藤光男　『最新株式会社法（第 9 版)』（中央経済社、2020 年）

松嶋隆弘・大久保拓也編『商事法講義 1 会社法』（中央経済社、2020 年）

竹林俊憲編『一問一答　令和元年改正会社法』（商事法務、2020 年）

黒沼悦郎　『金融商品取引法（第 2 版)』（有斐閣、2020 年）

松岡啓祐　『最新金融商品取引法講義（第 5 版)』（中央経済社、2019 年）

黒沼悦郎　『金融商品取引法入門（第 7 版)』（日本経済新聞出版社、2018 年）

岩原紳作・神作裕之・藤田友敬編『会社法判例百選（第 3 版)』（有斐閣、2016 年）

神田秀樹・神作裕之編『金融商品取引法判例百選』（有斐閣、2013 年）

事項索引

著者紹介

高岸　直樹（たかぎし　なおき）

日本大学大学院法学研究科私法学専攻博士後期課程満期退学

現　在

二松学舎大学国際政治経済学部国際経営学科教授

東京理科大学経営学部非常勤講師

税理士（税理士高岸俊二・直樹事務所）

象印マホービン株式会社社外取締役

主な著書

『商事法講義1会社法』（分担執筆、中央経済社、2020年）

『商事法講義2商法総則・商行為』（分担執筆、中央経済社、2020年）

『ビジネス法務の理論と実践』（分担執筆、芦書房、2019年）

『法学—法の世界に学ぶ—』（共著、成文堂、2017年）

『役員報酬の法務・税務』（共著、中央経済社、2015年）

経営に携わる人のための会社法

2021年9月20日　初　版第1刷発行

著　者	高　岸　直　樹
発行者	阿　部　成　一

〒162-0041　東京都新宿区早稲田鶴巻町514

発行所　株式会社　成　文　堂

電話　03（3203）9201（代）　Fax　03（3203）9206
http://www.seibundoh.co.jp

印刷・製本　三報社印刷

ISBN 978-4-7923-2770-5　C 3032

定価（本体2200円＋税）